CB078666

ENTENDA PROPAGANDA

101

PERGUNTAS E RESPOSTAS SOBRE COMO USAR O PODER DA PROPAGANDA PARA GERAR NEGÓCIOS

Dados Internacionais de Catalogação na Publicação (CIP)
(Câmara Brasileira do Livro, SP, Brasil)

Entenda Propaganda: 101 perguntas e respostas sobre como usar
o poder da propaganda para gerar negócios.
Julio Ribeiro, José Eustachio, Equipe Talent.
São Paulo: Editora Senac São Paulo, 2003

Bibliografia.
ISBN 85-7359-336-9

1. Marketing 2. Perguntas e respostas 3. Propaganda 4. Publicidade I. Ribeiro, Julio II. Eustachio, José. III. Equipe Talent. IV. Título: 101 perguntas e respostas sobre como usar o poder da propaganda para gerar negócios.

03-4944 CDD-659.1076

Índices para catálogo sistemático:
1. Perguntas e respostas: Marketing 659.1076
2. Perguntas e respostas: Propaganda 6591076

ENTENDA PROPAGANDA

101

PERGUNTAS E RESPOSTAS SOBRE COMO USAR O PODER DA PROPAGANDA PARA GERAR NEGÓCIOS

JULIO RIBEIRO JOSÉ EUSTACHIO EQUIPE TALENT

senac são paulo
editora

ADMINISTRAÇÃO REGIONAL DO SENAC NO ESTADO DE SÃO PAULO
Presidente do Conselho Regional: Abram Szajman
Diretor do Departamento Regional: Luiz Francisco de Assis Salgado
Superintendente de Operações: Darcio Sayad Maia

EDITORA SENAC SÃO PAULO
Conselho Editorial: Luiz Francisco de Assis Salgado
Clairton Martins
Luiz Carlos Dourado
Darcio Sayad Maia
Marcus Vinicius Barili Alves

Editor: Marcus Vinicius Barili Alves (vinicius@sp.senac.br)

Coordenação de Prospecção Editorial: Isabel M. M. Alexandre (ialexand@sp.senac.br)
Coordenação de Produção Editorial: Antonio Roberto Bertelli (abertell@sp.senac.br)
Supervisão de Produção Editorial: Izilda de Oliveira Pereira (ipereira@sp.senac.br)

Preparação de Texto: Beth Griffi
Revisão de Texto: Ivone P. B. Groenitz, Kimie Imai, Léia Fontes Guimarães, Lucina Góes
Projeto Gráfico e Capa: Silvia Ribeiro
Editoração Eletrônica: Estúdio Silvia Ribeiro
Assistente de Design: Nicole Boehringer
Impressão e Acabamento: Cromosete Gráfica e Editora Ltda.

Gerência Comercial: Marcus Vinicius Barili Alves (vinicius@sp.senac.br)
Administração e Vendas: Rubens Gonçalves Folha (rfolha@sp.senac.br)

Todos os direitos desta edição reservados à
Editora Senac São Paulo
Rua Rui Barbosa, 377 – 1º andar – Bela Vista – CEP 01326-010
Caixa Postal 3595 – CEP 01060-970 – São Paulo – SP
Tel. (11) 3284-4322 – Fax (11) 289-9634
E-mail: eds@sp.senac.br
Home page: http://www.editorasenacsp.com.br

© Julio César Ribeiro e José Francisco Pires Eustachio, 2003

Os direitos autorais desta obra serão cedidos integralmente à Legião de Assistência para Reabilitação de Excepcionais (Lares), de São Paulo.

SUMÁRIO

NOTA DO EDITOR

A um site criado em 2000, o Entendapropaganda, foram enviadas e respondidas mais de 1.500 perguntas sobre propaganda e marketing. Incumbiu-se das respostas a equipe de uma conhecida agência brasileira, a Talent. A mesma equipe apresenta aqui, num conjunto selecionado, ordenado e reformulado, mediante reflexões detidas e acréscimo de dados, 101 tópicos.

Num deles diz-se que "uma pessoa de hábitos normais está exposta a mais de 2 mil mensagens publicitárias todos os meses" e que essa avalanche de estímulos leva à "sensação de que em algum lugar existe alguma coisa muito importante, que deveríamos saber mas desconhecemos". Sofremos do "mal da angústia da informação".

Se o leitor quer aprimorar-se em propaganda e marketing, no nível de um publicitário, ou de um estudante, ou de um curioso por assuntos da comunicação no mundo atual, este livro sintético nos seus 101 itens pode aliviá-lo da "angústia" quanto ao que deve saber, graças à abrangência do tema e ao talento de suscitar idéias com base nas propostas apresentadas.

É mais uma contribuição do Senac São Paulo para o conhecimento de uma atividade profissional de grande influência na sociedade contemporânea.

Este livro contou com a inestimável colaboração de Daniel Bruin, João Livi, Julio Conti, Mauro Sato, Paulo Stephan, Roberto Lautert e Ralph Fuchs, que editaram, atualizaram e completaram o texto do acervo original do site Entendapropaganda.

TALENT

INTRODUÇÃO

Entre 2000 e 2001, esteve no ar o site Entendapropaganda, um projeto inovador no então incandescente cenário da web. Durante esse período, milhares de visitantes puderam interagir com a equipe da Talent no envio de perguntas sobre todas as áreas da comunicação. Em pouco tempo, o site tornou-se uma referência para profissionais, estudantes e pessoas interessadas em todos os assuntos relativos ao marketing. Criou-se uma comunidade específica de freqüentadores, e uma linha imaginária uniu essa legião de usuários ao pessoal de todas as áreas da agência. Foram mais de 1.500 perguntas enviadas e respondidas. Muitas foram publicadas no site, algumas foram objeto de troca de mensagens.

Sair do ar, após os dois anos previstos no projeto inicial, não significou o fim dessa ligação simbiótica. Ao contrário, foi o início de uma outra etapa do projeto, talvez ainda mais importante. Feito o balanço geral, a equipe de profissionais da Talent debruçou-se sobre esse imenso magma de informações e questionamentos para selecionar as perguntas mais representativas em cada categoria e dar-lhes um tratamento especial, com detidas reflexões e acréscimo de dados. Essa tarefa foi cumprida por profissionais de todas as áreas da agência, que, nos últimos anos, têm colocado seu talento a serviço dos maiores anunciantes do país. Juntos, somam, tranqüilamente, mais de mil anos de experiência em propaganda e marketing.

O mais interessante, no entanto, é que as linhas mestras do que apresentaremos a seguir não foram impostas por esses profissionais, mas sugeridas pela comunidade virtual que utilizou o Entendapropaganda como um canal para sanar suas dúvidas e seus questionamentos. Diferentemente do que em geral ocorre com publicações desse tipo, aqui foi o mercado que determinou os assuntos a serem abordados. À equipe da agência coube ordená-los e dotá-los de maior profundidade. Nesse sentido, foi uma obra coletiva, na acepção extrema da palavra.

Os verdadeiros autores desta obra são os milhares de pessoas que elegeram o Entendapropaganda como seu fórum de debates sobre comunicação e fizeram do site um fenômeno de visitação e repercussão. Sua perspicácia e seu entusiasmo permitiram a elaboração de um material que constitui valioso instrumento para quem quer utilizar a propaganda como elemento capaz de ativar negócios e como diferencial competitivo.

A eles, a gratidão e o reconhecimento dos profissionais da Talent envolvidos neste projeto.

101

1 Qual é a função de uma agência de propaganda?

Por que razão alguém contrata uma agência de propaganda?

É claro que o ato de contratar uma agência está relacionado a aumentar a capacidade da empresa em ser bem-sucedida.

O sucesso pode estar relacionado a vender maiores quantidades ou com melhores margens, fidelizar clientes, lançar uma nova marca com sucesso, etc.

Antes de mais nada, portanto, vamos estabelecer que a contratação de uma agência de propaganda está relacionada a questões bastante objetivas, mensuráveis e diretamente comprometidas com os objetivos de negócio da empresa.

Nenhum investimento ou esforço realizado pela empresa é justificável se não for um instrumento eficaz na realização dos seus objetivos.

Nesse contexto, a função da agência é contribuir efetivamente para que aconteça aquilo que seus clientes querem que aconteça. A pergunta é: Como?

A principal função de uma agência é gerar propaganda; essa é sua especialização. É com esse objetivo que reúne profissionais com perfil de competência específico.

Propaganda é um produto que não se encontra em outro tipo de empresa que não as agências.

A propaganda conquista, a cada dia, mais importância como elemento de diferenciação do produto e geração de preferência na decisão de compra.

Em um mundo de produtos cada vez mais semelhantes, a propaganda é o recurso de maior eficácia, do qual o anunciante pode fazer uso para prevalecer em relação aos seus concorrentes.

Por outro lado, investir em propaganda sempre representa um dinheiro considerável dentro do orçamento total da empresa.

Por essas razões, ninguém pode dar-se ao luxo de fazer propaganda que não funcione, sob o risco de estar desperdiçando dinheiro e, pior ainda, comprometendo a realização dos seus objetivos de negócios.

O raciocínio básico é: empresas procuram agências para aumentar suas chances de sucesso, e as agências dispõem, para isso, da propaganda como instrumento, embora nem toda propaganda funcione.

A agência que não tem preço é aquela que sabe como fazer propaganda que funciona; investe em tecnologia para entender o que leva as pessoas a comprar ou não um determinado produto, tem inteligência de planejamento estratégico e reúne o melhor conjunto de talentos nas áreas essenciais, como criação, mídia e atendimento.

Pode parecer escandaloso, mas a verdade é que o fato de ser uma agência de propaganda – e aí não importa o tamanho – não significa que ela saiba como fazer propaganda que funcione.

2 Para fazer um bom plano de marketing, é necessário conhecer todas as respostas?

Pode parecer paradoxal, mas a chave para fazer um planejamento de marketing que ative resultados não está em ter todas as respostas, mas em saber fazer as perguntas certas.

Precisamos ter sempre em mente que quem tem as respostas é o mercado, as pessoas que vendem, as pessoas que compram. É da qualidade da formulação das perguntas, portanto, que teremos o nível de acerto nas respostas.

Se a pergunta estiver errada, qualquer resposta estará errada.

Muito bem, definido que o importante é saber o que perguntar, a questão é: Como fazer para formular as perguntas certas?

Resposta: Mantenha a mente aberta como a de uma criança e permita-se perguntar aquilo que, a princípio, pode parecer até mesmo um pouco descolocado.

Você já notou como as crianças são capazes de fazer perguntas provocativas e originais, como, por exemplo: Por que o Sol não cai do céu? Se as estrelas brilham tanto, por que a noite é escura?

É esse tipo de pergunta que faz com que as pessoas nos dêem respostas originais, fora do padrão.

Só quem se mantém permanentemente apaixonado por descobrir novas coisas e perguntar sobre tudo tem a capacidade de encontrar as respostas que, realmente, fazem a diferença.

Você já se perguntou por que alguém compra um carro coreano? Ou como é ser um consumidor da classe C? Se o guaraná é mais gostoso do que a coca-cola, por que vende mais coca do que guaraná? Ou ainda: Por que os produtos considerados os melhores não são, necessariamente, os líderes de mercado?

Os profissionais mais bem-sucedidos são aqueles que permanecem sempre aprendizes. Enquanto o professor tem todas as respostas, o aprendiz faz perguntas; é por isso que o aprendiz é sempre jovem, e o professor corre o risco de ficar velho.

Só quem se mantém permanentemente apaixonado por descobrir novas coisas e perguntar sobre tudo tem a capacidade de encontrar as respostas que, realmente, fazem a diferença.

3 Qual é a mágica para extrair o máximo de competência de uma agência de propaganda?

A maneira mais inteligente e que mais funciona para tirar o máximo de uma agência de propaganda é fazer com que ela se apaixone pelo seu negócio, pela sua empresa e por seus objetivos.

É simplesmente incrível como as pessoas desenvolvem o poder de fazer coisas maravilhosas quando se encontram em estado de encantamento.

Você já deve ter visto empresas apáticas, rotineiras no seu comportamento, que se transformam em verdadeiros tigres com brilho nos olhos, mostrando capacidades que nem elas mesmas sabiam ter e, por conta disso, virando o mercado pelo avesso.

Todos nós possuímos um potencial de realização que somente se manifesta quando nos apaixonamos por alguma coisa.

A maioria dos gestores de sucesso possui, como característica comum, o talento da sedução. São pessoas com o poder de provocar em suas equipes a paixão pelos mesmos valores e pelas causas que está empreendendo.

Quando a agência é seduzida pelo cliente e entra em estado de encantamento, as idéias encontram um ambiente estimulante para se manifestar, e com isso o rendimento do esforço de comunicação cresce em progressão geométrica.

Quando a agência é seduzida pelo cliente e entra em estado de encantamento, as idéias encontram um ambiente estimulante para se manifestar, e com isso o rendimento do esforço de comunicação cresce em progressão geométrica.

Existe um ditado que diz: "É mais fácil atrair uma abelha com uma gota de mel do que com um jarro de fel".

Manter a agência em permanente angústia, ameaçando puni-la por aquilo que não saiu exatamente como se gostaria, é, na verdade, uma forma de quebrar o encantamento.

Do lado oposto, escutá-la quando apresenta uma idéia inovadora, mesmo que traga algum risco, reconhecer o esforço dos seus profissionais em contribuir com seu negócio, comemorar os resultados obtidos e a qualidade da comunicação gerada é a fórmula para assegurar que sua agência retribuirá colocando toda a energia e talento a favor da sua empresa e de seus objetivos.

4 É verdade que ninguém mais lê textos de anúncios?

Não. É verdade, porém, que poucos textos, hoje em dia, valem a pena ser lidos. É só abrir qualquer revista e reparar: Quantos anúncios trazem informações relevantes para o consumidor? Quantos trazem apenas informações que interessam só ao fabricante ou, pior, não interessam a ninguém?

O consumidor não é bobo nem tem tempo a perder com anúncios que não dizem nada. No entanto, quando um consumidor vê um bom anúncio de produto ou serviço no qual está interessado, ele lê o texto, sim, e até as notas de rodapé se for o caso.

Se um anunciante quer que as pessoas leiam o texto, deve resistir à tentação de falar demais sobre si mesmo, dando espaço para uma argumentação baseada na vida do consumidor.

5 O que vocês acham das liquidações como ação para gerar tráfego nas lojas?

A adoção da prática continuada de liquidações como forma de gerar tráfego já quebrou mais lojas do que a própria falta de clientes.

Na virada dos anos 1980, praticamente todas as lojas de departamento dos Estados Unidos passaram por dificuldades, e algumas chegaram à condição de insolvência.

Nessa época, o *Wall Street Journal* realizou um estudo em conjunto com a Federação do Comércio Americano que chegou ao surpreendente diagnóstico de que o excesso de oferta de preços baixos foi a principal razão a levar o varejo às dificuldades que vivia.[1]

O recurso de oferecer preços cada vez mais baixos implica renunciar aos diferenciais de qualidade, já que o preço baixo é o último apelo daqueles que não têm nada mais a oferecer quando já não existe nenhum valor percebido pelo consumidor na relação com a marca.

Na ânsia de gerar demanda oferecendo preços sempre mais baixos, as lojas de departamento, sem perceber, estavam ensinando os clientes a esperar pela liquidação para realizar suas compras.

O estudo mostrou que 75% dos produtos que custavam acima de 100 dólares somente eram comprados quando entravam em liquidação, o que, mais uma vez, evidencia o quanto perspicaz é o consumidor.

Soma-se a isso o fato de que o aumento do tráfego, em si, encarece a operação da loja, demandando mais espaço, mais funcionários, muitos caixas e elevação dos custos.

O que faz uma loja ser próspera é o valor de cada compra e a fidelidade que o cliente tem a ela, mesmo fora dos períodos de liquidação. Por essa razão é que a relação do cliente deve ser com a loja e com todos os valores que percebe nela.

---

1 *Wall Street Journal*, Nova York, 11-10-1983.

Os períodos de liquidação sempre existirão, mas não devem se transformar em padrão. Assim como o anabolizante é um recurso que pode, num primeiro momento, parecer eficaz, seu uso contínuo envenena todo o organismo e pode, até mesmo, levá-lo à falência.

Uma loja saudável é aquela que tem muitas razões, além do preço, para merecer a preferência do consumidor.

6 Os prêmios são um bom critério para a escolha de uma agência de propaganda?

Todo anunciante, toda agência e todo profissional gostam de ter seu trabalho reconhecido com algum tipo de premiação, mas o entusiasmo pelos prêmios da agência na hora de analisar seu trabalho pode camuflar um sem-número de distorções:

- **A agência pode destinar grande parte de seus recursos à obtenção de prêmios, ficando reduzida em sua capacidade de resolver problemas de comunicação para os clientes.**

- **A agência pode, em determinado momento, ganhar um prêmio muito importante e de grande projeção, mas ter um portfólio de cases e campanhas muito aquém desse único trabalho premiado.**

- **Nem todos os prêmios de propaganda ou de marketing são críveis, já que alguns privilegiam aspectos políticos e econômicos do mercado e não necessariamente a qualidade criativa do anúncio ou a eficácia da solução de marketing.**

O critério mais interessante, então, e que provavelmente evitará futuras crises entre você e a agência escolhida, é a relação das campanhas feitas pela agência que foram bem-sucedidas junto ao público e a análise do resultado que elas proporcionaram aos clientes.

7 Em um mar de informações que o consumidor recebe todos os dias, como garantir que minha mensagem será percebida e registrada?

Ao entrar na vida adulta, o jovem vive, entre os 18 e os 25 anos, um período curioso pelo sentimento paradoxal que experimenta. O ambiente universitário, o grande número de novos amigos e a total disponibilidade para a vida fazem com que se multipliquem as festas a cada final de semana. A quantidade de opções, no entanto, não é razão para contentamento.

Diante de tantas escolhas, e por não poder abraçar todas as possibilidades, surge a sensação de perda. Não importa o quanto se esteja tendo divertimento, o sentimento é de que, em algum lugar, está acontecendo alguma coisa imperdível e não estamos lá para aproveitar. Esse fenômeno pode ser chamado de "mal da angústia do lazer".

O paradoxo está em desejar e valorizar tanto uma determinada coisa e, quando a obtermos em grande quantidade, o sentimento não ser de satisfação. E é bom estar atento, porque esse sentimento paradoxal não é típico apenas dos jovens.

Uma grande parte de todos nós está sofrendo ou sofrerá de um outro mal: "o mal da angústia da informação". Os sintomas são claros. Logo pela manhã, a primeira providência é sintonizar o rádio no noticiário, enquanto verificamos se o jornal que assinamos já foi entregue. As notícias são conferidas no telejornal da manhã, que, mais uma vez, se repetem no rádio do carro, a caminho do trabalho.

Durante o dia, é preciso ficar conectado com os fatos da economia, com as informações passadas pelos companheiros da empresa, estar ligado em tudo o que está relacionado ao universo profissional, aos acontecimentos culturais, ler o jornal de negócios, ficar plugado na internet e mais, muito mais.

Quantos de nós já não se viram recortando e guardando artigos para leitura posterior em um momento de tempo disponível? Também não é incomum colecionarmos revistas, livros, relatórios de meses passados, que, em nossa opinião, certamente contêm algum fato importante que acreditamos ser fundamental conhecer.

Existem hoje, no Brasil, aproximadamente 2.110 títulos de revistas; somente em 2002 foram lançados 412 novos títulos. Apenas as três principais revistas semanais somadas publicam, a cada edição, algo como 350 páginas de informação.[2]

Ao todo, são 523 jornais circulando diariamente, 3.647 emissoras de rádio, 12 canais de TV aberta, 132 canais de TV por assinatura.[3] Atualmente, existem cerca de 8 milhões de sites oferecendo todo tipo de informação, vinda das mais diferentes fontes e de toda parte do mundo.

Uma pessoa de hábitos normais está exposta a mais de 2 mil mensagens publicitárias todos os meses. E, quanto mais informação obtemos, parece que mais o "mal" tende a se agravar.

Sempre é possível descobrir o endereço de um novo site imperdível ou assinar um boletim com conteúdo privilegiado e indispensável. Em nenhum outro tempo, a informação foi tão importante e valorizada nem tão abundante e democratizada.

O acesso é fácil e farto, mas não estamos felizes: quanto mais informação disponível, mais temos a sensação de que, em algum lugar, existe alguma coisa muito importante que deveríamos saber mas desconhecemos. Estamos sofrendo do "mal da angústia da informação".

Assim como todo organismo que, ao se ver atacado, reage desenvolvendo proteções naturais, o mesmo deverá acontecer com a maneira como lidamos com a informação que chega até nós. Naturalmente, surgirá o filtro do que é realmente relevante, selecionando o que merece ser registrado e o que será simplesmente ignorado. A overdose de informação será sucedida pelo poder do conhecimento, e o importante, de fato, não será mais o quanto sabemos, mas o que podemos fazer com o conhecimento adquirido.

Numa época em que a força da comunicação é crescente e cada vez mais influente no sucesso de pessoas e empresas, é fundamental o entendimento de que a eficácia da comunicação não está na quantidade, mas na relevância dessas informações para quem as recebe.

---

2 Dados da Associação Nacional de Editoras de Revistas (Aner), 2002.
3 Grupo de Mídia de São Paulo, *Mídia Dados 2003*, São Paulo, 2003.

Não importa se você está criando uma campanha de propaganda, um relatório de diretoria, editando um meio de comunicação ou simplesmente escrevendo uma carta para um amigo, pense sempre em quem está do outro lado e se sua mensagem fará diferença na vida de quem irá recebê-la.

8

O atendimento de minha agência vive sugerindo pesquisas. Devo aceitar essas sugestões e gastar mais com pesquisas, ou é apenas insegurança da agência?

Se você trabalha com uma agência séria, na qual confia e que está vivamente interessada em resolver os problemas de sua marca ou produto, desconsiderar suas recomendações sobre fazer pesquisas é uma temeridade.

Ao contrário, questione sua agência se ela nunca recomenda a obtenção de conhecimento sobre os mercados e os consumidores.

Não se esqueça, todavia, de que pesquisa é muito bom para dar informação necessária ao projeto de comunicação e à definição de sua linha criativa, mas usá-la para assegurar se a solução é ou não acertada, como nos pré-testes, é de baixa utilidade.

Todo conhecimento é bem-vindo, mas sempre antes da campanha e na mensuração dos resultados efetivos da comunicação.

Questione sua agência se ela nunca recomenda a obtenção de conhecimento sobre os mercados e os consumidores.

9 O que há de novo na propaganda com o surgimento da internet?

Toda vez que um consumidor compra um produto, ele está realizando um ato de comunicação. A escolha de um determinado bem equivale a uma mensagem como "Eu escolhi este produto entre outros". Essa mensagem só chega ao fabricante por meio da informação de que um produto a mais foi vendido. Todo o universo de comunicação entre o consumidor e o fabricante continua inexplorado. A internet permite, pela primeira vez, que o consumidor se relacione com a marca de maneira mais intensa. A comunicação bidirecional agora é possível, e uma quantidade maior de informação pode enfim chegar ao fabricante. Todo o esforço de construir a marca pode continuar na forma de informações e serviços, que vão sendo customizados à medida que a relação aumenta em intensidade. Tanto o banner como o site já são esforços de branding por si sós. O passo seguinte a ser conquistado é como a propaganda, que tem sido unidirecional, pode usar essa característica bidirecional da internet.

10 A qualidade de uma campanha é diretamente proporcional à verba do cliente?

Nem sempre. O que garante a qualidade de uma campanha é o talento dos profissionais que trabalham nela. Algumas campanhas se tornaram memoráveis sem ter custado uma fortuna.

Uma boa idéia com uma boa estratégia pode custar barato, mas uma idéia ruim, mal realizada, por menos que tenha custado, pode representar um grande prejuízo.

11 Anunciante ideal é aquele que consente 100% em tudo o que a agência propõe?

Não. O ideal é um cliente parceiro da agência, que confia nos critérios dela, tem consciência clara de que, se lhe entregou sua comunicação, deve acreditar nas suas propostas. Isso não significa, porém, que ele não possa opinar. Ao contrário, ele deve dar suas impressões e sugestões para que o trabalho melhore ainda mais.

O que ocorre, em alguns casos, é que alguns clientes querem uma agência apenas como executora de suas próprias idéias. E isso, em 100% dos casos, resulta em trabalhos medíocres, sem agregar nada ao produto. O cliente deve, sim, exigir sempre valor agregado da agência no trabalho com suas marcas.

Um modelo bastante eficaz, gerando qualidade, agilidade e resultados com comprometimento, é aquele no qual o anunciante participa ativamente das iniciativas, das propostas e das decisões estratégicas junto com a agência, mas nutrindo e sinalizando sempre a confiança nas propostas. Na fase de execução, no entanto, a interferência deve ser apenas sob a demanda da agência.

Por quê? Para potencializar a qualidade da implementação, quando cada área de expertise técnica deve ter seu espaço para contribuir, ser cúmplice na excelência da execução.

A execução deve ter o mesmo cuidado e inteligência do processo do pensamento estratégico, pois pode comprometer um excelente pensamento com uma implementação inadequada e pobre em qualidade.

Brastemp

Ipiranga

Campanha: “Apaixonados por carro”

12

Muitas marcas fazem sempre o mesmo tipo de promoção. Como inovar nas minhas ações promocionais?

As empresas tendem a fazer o "mesmo tipo de promoção", porque se mostraram eficientes através do tempo.

Há tipos de ação promocional que já se consagraram e são tradicionais em certos mercados: "Compre três e pague dois", "Troque seu vale-brinde" e "Participe do nosso concurso", costumam dar bons resultados para algumas categorias de produto.

Se você, todavia, pesquisar seu segmento, poderá obter boas pistas do que oferecer ao consumidor em troca de sua preferência, orientando melhor os esforços de comunicação, tanto publicitária quanto promocional. Uma boa dica: pesquise com os varejistas de seu setor qual foi a promoção mais eficiente já feita até hoje para a categoria em que se enquadra seu produto. Faça algo parecido, mas melhorado. Muito provavelmente será um sucesso.

Além disso, você pode, até mesmo, associar uma determinada ação promocional com um esforço de pesquisa, como seria o caso de distribuir um questionário aos consumidores em momentos de degustação nos PDVs.

13 Qual a freqüência ideal para um filme de 30 segundos ter um ótimo recall?

O ideal é que um bom filme tenha um lançamento de impacto, com um bom Gross Rating Point (GRP), para que o comercial "aconteça", todo mundo veja, comente. Nem sempre isso é possível, entretanto.

Muitos acham que uma baixa freqüência, mas constante, é melhor que um lançamento com alta freqüência e depois só algumas inserções. Isso varia conforme o plano de mídia.

Há comerciais tão bons, que só bastam algumas inserções para todo mundo ver. A realidade, contudo, mostra que muitos comerciais ruins vencem a gente pelo cansaço: de tão ruins e tão veiculados, o consumidor acaba lembrando. O que muitas vezes se esquece é que essa equação tem mais variáveis.

Devemos levar em conta, também, a qualidade criativa desse comercial, além da situação de mercado em que ele está inserido.

Como referência, assistimos, há algum tempo, à briga das operadoras de telefonia pelo espaço das ligações interurbanas. Foi uma briga de gente grande. Era um ataque constante de 15, 21 ou 23 – ou Telefônica, Embratel e Intelig –, buscando, como em campanhas políticas, seu voto, ou sua ligação com o prefixo desejado.

Com certeza, a freqüência ideal para que um comercial desses tivesse o recall desejado era muito mais alta do que um outro comercial de uma outra categoria.

14 Por que campanhas de sucesso, até mesmo com motes de sucesso ou personagens conhecidos, saem do ar?

Esse pode ser o caso da clássica falta de vínculo entre impacto e eficiência. Em geral, isso acontece porque, apesar de a campanha ter força criativa e ser de fácil memorização pelo público, ela não conseguiu mover de maneira satisfatória a roda de venda na ponta inversa, que é o estoque do anunciante, ou construir uma forte identidade.

A falta de uma identidade forte costuma produzir, ao menos, três problemas na comunicação de uma marca:

- **Faz com que ela se misture à paisagem de tal modo que as pessoas não percebem a diferença, por exemplo, entre o comercial da marca e os outros duzentos que elas viram apenas na última semana.**

- **Reduz a capacidade de fixação, isto é, de lembrança da sua marca, mesmo que ela não esteja no ar por um certo tempo.**

- **Diminui a sinergia e a percepção de que a marca tem uma estrutura de pensamento definida e confiável.**

Pode, no entanto, ser apenas uma decorrência da substituição da direção de marketing ou publicidade do anunciante e das eventuais alterações devidas às discordâncias entre diferentes correntes de pensamento dentro da empresa.

15

É cada vez maior a pressão pelo controle de investimentos, e parece-me que o atendimento de minha agência nem sempre compreende aspectos técnicos da mídia que têm grande influência nos custos de veiculação. Como resolver esse problema?

Essa é uma questão importante e séria. Acredito que a resposta já está sendo dada pelas boas agências, que, ao perceber esse e outros pontos fracos, mudaram sua proposta de trabalho.

Não vejo outra maneira de atender à demanda de um cliente a não ser atuando com especialistas. Atendimento, mídia e criação são áreas que devem trabalhar juntas. Cada uma tem sua especialidade e pode responder às solicitações com mais pertinência e propriedade. Esse é um modo moderno e eficiente de trabalhar. Cada área entrega o melhor e se complementa.

Essa visão é muito mais eficiente, pois o cliente passa a ter como ponto de contato na agência não mais somente um departamento, mas um time completo.

Quem pode saber mais do roteiro do filme que o diretor de criação? Quem mais tem informação a respeito da programação prevista que o diretor de mídia? Quem sabe mais do dia-a-dia dos trabalhos do cliente na agência que o diretor de atendimento?

O que você deve cobrar dos profissionais de sua agência é que participem ativamente na geração de idéias.

Esse é o modelo da especialização, não mais do genérico.

Quando cada um responde pela sua parte, o todo se forma com mais perfeição.

O que você deve cobrar dos profissionais de sua agência é que participem ativamente na geração de idéias criativas para aumentar a exposição do produto, às vezes até mesmo sem fazer uso da mídia.

16 Qual a diferença entre a forma de fazer planejamento da Talent e o conceito comum de planejamento de comunicação?

É difícil definir o que seja o comum em planejamento de comunicação, mas podemos explicar, de forma sucinta, como fazemos planejamento na Talent.

Todo o trabalho é presidido por um princípio básico, ao qual todo o pensamento estratégico se subordina. Esse princípio é de que a função da agência não é fazer planejamento para gerar anúncios, mas realizar aquilo que o cliente deseja que aconteça.

Desenvolver um planejamento não é um fim em si mesmo, é um meio pelo qual se procura fazer acontecer coisas. Quais coisas? Aquelas determinadas pelo cliente como sendo seu objetivo.

Esse objetivo pode ser: levar mais pessoas a um determinado posto de combustível, aumentar o valor médio das compras em uma loja de varejo, despertar a consciência do brasileiro para fazer seguro, ou qualquer outra finalidade, desde que seja ético, legal e socialmente defensável.

Estabelecido o que se quer fazer acontecer, o próximo passo é apropriar-se da verdade. E a verdade deve ser obtida na rua, nas razões de quem compra, da boca de quem vende. As verdades contidas nos relatórios ou em salas de reunião são verdades suspeitas, porque já passaram por um filtro, já foram interpretadas.

A verdade está no dia-a-dia de quem compra e de quem vende, porém, é preciso materializá-la em instrumento de trabalho, transformá-la em revelações úteis, relevantes, assertivas e, se possível, originais. Isso se faz por meio de um trabalho que exige abrangência e muita sensibilidade na coleta de informações.

Desde o uso da pesquisa, passando pelas estatísticas de vendas, publicações especializadas, teses de mestrado, cases nacionais e internacionais.

É muito importante a consciência de que toda fonte de informação, desde que confiável, deve ser considerada.

Uma vez de posse desse conjunto de informações, é preciso investir tempo e talento na sua análise. A verdade somente se revela quando somos capazes de resistir à obviedade das primeiras conclusões e continuar caminhando em busca das sutilezas, que não estão explícitas em uma primeira leitura. Nesse momento, é fundamental a capacidade de olhar para o que todo o mundo olhou e ver o que ninguém viu.

Esse não é um conhecimento técnico, mas um talento que se desenvolve com o tempo e a dedicação em aprender a ler as entrelinhas do que é dito, de escutar mais do que aquilo que foi dito.

O resultado dessa análise é o que chamamos de "diagnóstico", uma espécie de radiografia que indica, de forma exata, o que deve ser feito na comunicação para que o objetivo seja alcançado.

O diagnóstico indica áreas de problemas e oportunidades, e é a partir desse diagnóstico que se equaciona um projeto de comunicação capaz de atender às necessidades da empresa.

O projeto de comunicação deve ser tridimensional, ou seja, formado por ações que contemplem cada um dos agentes que podem influenciar no sucesso dos objetivos.

Uma proposta desenvolvida apenas a partir de ações de propaganda terá grande chance de falhar. Somente um plano articulado de atividades de marketing é que pode, efetivamente, responder a uma estratégia consistente.

É a partir desse momento que são desenvolvidos os materiais criativos, os planos de motivação e estímulo na área comercial, o envolvimento do público interno, a sensibilização da revenda, dos formadores de opinião e de outros públicos.

Esse método tem se mostrado eficaz. Nas últimas duas décadas, temos feito uso dele para desenvolver projetos de comunicação para importantes empresas dos mais diferentes segmentos de mercado que, invariavelmente, obtiveram sucesso nos seus resultados.

Ao longo de todos esses anos, realizamos modificações na maneira de aplicá-lo, porém, nunca nos afastamos de sua essência.

17 Quanto uma empresa deve gastar com sua agência de propaganda?

A definição do quanto investir deve ser resultado de uma análise bastante criteriosa das condições da empresa, dos recursos de que dispõe, dos seus objetivos de negócio e das características do mercado no qual opera.

É natural que uma empresa de pequeno porte não possa dispor de recursos para fazer um grande investimento em comunicação. Assim como determinadas categorias de produto, como produtos de beleza e automóveis, trabalham com percentuais mais elevados destinados à propaganda do que categorias como produtos de limpeza.

Não existe uma regra-padrão que possa ser aplicada indistintamente para qualquer tipo de anunciante.

Alguém que esteja chegando depois que os concorrentes no mercado vai precisar gerar atenção em torno de si e, portanto, terá de ter um orçamento maior em propaganda (especialmente se o produto não trouxer nada de inovador) do que os concorrentes já estabelecidos.

Em cada situação vale como princípio considerar todas as variáveis do negócio, seus objetivos e a ecologia de mercado na qual está colocado.

Qualquer que seja a soma da qual você dispõe para investir é fundamental ter em mente que o resultado será proporcional à consistência do projeto de comunicação implementado.

Uma verba grande sempre representa uma vantagem, mas, em comunicação, a inteligência tende a ser mais poderosa do que a quantidade de músculos.

18 Como evitar ser chato ao fazer propaganda?

A providência básica para não ser chato ao fazer propaganda é parar de pensar demais com o foco no produto e preocupar-se com aquilo que seu público-alvo deseja ouvir.

Todo processo de comunicação é composto por três elementos: o emissor, o veículo e o receptor. Normalmente, anunciantes e agências concentram atenção e investem enormes quantias de dinheiro e muita energia estudando como traduzir as qualidades de seu produto e quais meios utilizar para atingir com eficácia o consumidor.

Pode parecer um contra-senso, mas a verdade é que investem pouquíssimo tempo procurando avaliar se a mensagem que está sendo emitida interessa realmente àqueles que a estão recebendo.

A mídia está repleta de propaganda que faz afirmações do gênero "Creme dental Acme, que contém boráxico de cálcio" ou "Novo *sound system* Acme, com *dual split control*".

Esses são casos de empresas que se encantam pelo diferencial que imaginam ser importante nos seus produtos, mesmo que os consumidores nem saibam o que significa, e acabam fazendo propaganda para si mesmas.

Propaganda, para ser interessante, tem de ter relação com o mundo e o interesse de quem está recebendo a mensagem.

Um bom seguro contra propaganda chata é colocar-se no lugar de quem está recendo a mensagem. Se você ainda continuar achando interessante o que está sendo dito, estará no caminho certo.

19 Existe uma garantia de retorno do dinheiro aplicado em mídia?

Essa é uma questão que não sai da cabeça de nenhum profissional.

Como saber se o dinheiro investido em GRP, anúncios, placas ou outra mídia qualquer vai voltar e com lucro?

Quem tiver essa resposta pode mudar o negócio, mas garanto que ainda ninguém tem.

A responsabilidade pelo resultado não pode ser exclusiva da mídia. Ela é parte integrante e importante do processo, mas não é a única que deve ser cobrada. As variáveis são inúmeras e envolvem também responsabilidades dos clientes.

Como fazer para vender um produto que não está disponível no PDV? Ou que está 30% mais caro que os concorrentes diretos? Ou que não tem as características fundamentais para satisfazer o gosto dos clientes?

A mídia é responsável pelo movimento criado nos consumidores e nos PDVs, mas não pode fazer o papel do vendedor, do produto ou do preço.

Tudo fica mais importante quando conseguimos uma relação de cumplicidade.

O sucesso de uma campanha não é importante somente para uma das partes, e o verdadeiro sucesso significa um ganho real de mercado, seja ele de vendas ou de imagem.

Assim, quando perguntam sobre essa eterna e cada vez mais crítica relação – pois, a cada dia que se passa, a relação dinheiro–retorno (*return on investment* – ROI) fica mais tensa –, a resposta é que a solução da equação passa por, no mínimo, quatro mãos: as duas da agência e as duas do cliente.

20 Qual o papel do atendimento na definição, na realização e na avaliação das ações promocionais da minha marca?

O atendimento deve ser o mais aprofundado possível, já que as ações de promoção devem estar alinhadas com o pensamento estratégico de comunicação da marca. Ação promocional que não esteja associada ao posicionamento de comunicação significa uma verba que gera pontualmente um aumento de demanda, mas não deixa residual nenhum.

É o atendimento da agência que zela pelo alinhamento de todas as manifestações de comunicação da marca, com sua estratégia global no mercado e com seu posicionamento de comunicação, razão pela qual você deve exigir dela também um envolvimento direto na definição e na realização das ações promocionais de seu produto. Que tipo de conteúdo? Com qual abrangência e duração? Em que nível de integração coerente com as peças publicitárias?

Pode até deixar a implementação da promoção por conta de empresas especializadas, que responderão por uma série de tarefas, desde a obtenção de autorizações oficiais até a escolha da melhor mecânica.

Por fim, quanto à avaliação, exija que sua agência esteja na liderança do processo de mensuração de resultados: Até que ponto as ações promocionais contribuíram para alavancar as vendas do produto, e, principalmente, quanto tais ações colaboraram na percepção positiva da marca pelos consumidores?

É o atendimento da agência que zela pelo alinhamento de todas as manifestações de comunicação da marca, com sua estratégia global no mercado e com seu posicionamento de comunicação.

Não se esqueça de que há empresas que, pressionadas pela necessidade de alavancar vendas, terminam por enfraquecer o posicionamento da marca a longo prazo, ou por viciar as equipes de venda, levando-as a supor que só haverá vendas se houver ação promocional, pautando toda a empresa somente no pensamento de curto prazo.

Existem muitas histórias empresariais em que a sucessão de ações de curto prazo levou apenas a um somatório de ações de curto prazo durante um longo prazo.

Qual o resultado, além de alguns resultados de venda inflados, que não consegue ser repetido sem promoção? Uma marca sem valor agregado e, portanto, sem capacidade para gerar margem e crescimento dos negócios com seu próprio patrimônio. Se sua empresa for uma dessas, em breve você terá sérios problemas no mercado.

Nesse caso, o atendimento da agência tem um papel vital de guardião da marca. Se bem praticado e acolhido no tempo certo, pode ser a diferença entre o sucesso e o fracasso dos negócios.

O Boticário

NATURAL DO BRASIL
O Boticário
www.boticario.com.br
Mais de 2.000 lojas esperando por você. Linha do Consumidor: 0800 41 3011

CREDIBILIDADE É TUDO.

Estado de S. Paulo

Campanha: "Assinaturas"

21 Como me preparar e preparar minha empresa para esse mundo tão diferente de tempos atrás?

Uma das maiores dificuldades que as empresas enfrentam em se qualificar para as transformações que estão vivenciando é o desejo sincero de assumir a necessidade de realizar mudanças.

Mesmo enfrentando situações bastante graves, em que todos na empresa têm a consciência de que podem comprometer a própria continuidade do negócio, muitas vezes, a organização resiste a abandonar práticas antigas e conceitos que já não têm mais validade.

Há algum tempo, uma empresa com a qual tínhamos proximidade estava em meio a uma crise bastante difícil; suas vendas vinham em queda constante, com perda de margem e prejuízos acumulados. Ao analisar o problema, suas causas foram claramente identificadas: a estrutura do departamento comercial, bem como sua atitude na relação com o trade, era arcaica e inadequada para atender às necessidades atuais da revenda.

Mesmo sendo óbvia a necessidade de realizar mudanças, prevalecia a intransigência de uma parte da organização em se negar a admitir que aquilo que sempre havia feito no passado, e que sabia fazer como ninguém, já não funcionava.

Toda sugestão era derrubada de imediato. Toda proposta que não coincidia com aquilo que vinha sendo feito era encarada como uma crítica e vista como uma ofensa.

Eles não aceitaram a verdade de que aquilo que sabiam fazer havia ficado obsoleto e, mesmo com a empresa em crise, não admitiam mudança. O

A experiência demonstra que o mais difícil na mudança é a existência de um desejo sincero de mudar.

resultado foi que, ainda que possuindo muitas qualidades, a empresa fracassou, porque ninguém quis mexer naquilo que estava sendo feito.

Mudar é sempre complicado.

A experiência demonstra que o mais difícil na mudança é a existência de um desejo sincero de mudar. Além disso, existe o "mal do herói cansado", executivos que foram brilhantes no passado, mas que perderam a vontade de lutar. Esse guerreiro cansado nem sempre é o presidente; às vezes, pode ser um diretor que lidera uma área fundamental para o sucesso dos negócios da empresa.

Quem está no comando e tem fome de lutar precisa analisar com coragem tudo o que é preciso mudar, a fim de se capacitar para os novos tempos, principalmente em relação à atitude das pessoas na empresa. Tudo o que você não precisa é ter, dentro da própria casa, alguém que se recusa a assumir a verdade de que novos tempos exigem novas práticas.

22 Minha agência insiste para que eu faça uma campanha com uma modelo famosa que cobra muito caro. Por que não posso fazer a mesma campanha com uma modelo menos conhecida e que vai custar uma fração?

Vamos partir do princípio de que há uma sólida razão que justifique a contratação de uma modelo famosa com um cachê elevado. É bastante provável que a agência esteja usando esse recurso como forma de agregar valor percebido à sua marca, aumentar a potência da sua comunicação e estimular as vendas.

Por outro lado, também vamos ponderar que ser prudente é uma virtude. Avaliar com cautela a proposta e o investimento que ela demanda é uma providência que todo anunciante deve ter por ocasião da aprovação de uma campanha ou de um plano de comunicação.

O problema existe quando se é prudente demais. O conservadorismo é uma característica, no mínimo, questionável para quem pretende desenvolver seus negócios. O medo de ousar já prejudicou muito mais empresas do que o ato de ousar.

Uma coisa que devemos considerar é que os valores monetários envolvidos nas decisões que tomamos são muito maiores do que o cachê da modelo famosa. Em alguns casos, uma decisão conservadora na hora de aprovar a campanha pode comprometer todo o investimento que está sendo colocado na mídia ou, ainda pior, pode pôr em risco os resultados de venda que se esperam do esforço que está sendo realizado.

É óbvio que não pregamos aos nossos clientes adotar uma atitude irresponsável como maneira de gerar propaganda que funcione; ao contrário, é preciso ter muita profundidade na análise das propostas, sobretudo quando estão baseadas numa atitude mais ousada.

Algumas empresas ficaram diante do mesmo tipo de decisão entre investir uma alta soma em uma personalidade ou pagar pouco por um anônimo. Provavelmente, foi assim quando a C&A pensou em contratar a Gisele Bündchen para representar sua marca nos comerciais, ou quando a Dorsay considerou a hipótese de ter o Pelé como porta-voz do Vitasay.

A história mostra que, em ambos os casos, o preço da ousadia foi largamente compensado pelo resultado de vendas que essas personalidades alavancaram.

Ter uma atitude ousada na sua comunicação, como contratar uma personalidade famosa e cara, não deve ser um ato de vaidade ou, mesmo, uma fórmula fácil de fazer uma campanha fraca ficar excitante. O princípio da avaliação é verificar quanto esse recurso está alinhado estrategicamente com seus objetivos de negócio e sua marca.

23 Qual a melhor maneira de definir a verdadeira concorrência de uma marca ou de um produto?

Procure sempre saber qual necessidade do consumidor a proposta do produto ou serviço está satisfazendo. É um passo importante para alargar o campo de visão e entender o mecanismo no qual você terá de agir, a fim de propor a solução de negócios para o problema apresentado.

Outro aspecto que deve ser levado em conta é o impacto macroeconômico e a influência das novas tecnologias. A democratização e a crescente necessidade da informática na vida de todas as pessoas, por exemplo, faz os consumidores colocarem no mesmo gradiente de opções a compra do computador contra qualquer outro eletrodoméstico tradicional. Geladeira *versus* computador. Tevê *versus* computador. Ou seja, o computador disputando o mesmo bolso dos consumidores que estão à busca de conforto e conveniência.

É comum empresas caírem na armadilha de estabelecer seu quadro de concorrência pela óptica do fabricante, que é a visão da "esteira de produção". O que isso significa?

Significa que, muitas vezes, caímos no equívoco de considerar que a concorrência de xampus "2 em 1" são os outros "2 em 1", ou que papéis higiênicos de folha dupla disputam o mercado apenas com outros de folha dupla, desconsiderando o universo dos de folha simples.

Ocorre que o consumidor não se comporta assim. Não lê relatórios Nielsen, não entende nem se preocupa sobre como as coisas são fabricadas,

É comum empresas caírem na armadilha de estabelecer seu quadro de concorrência pela óptica do fabricante, que é a visão da "esteira de produção".

mas sobre o que fazem por ele, no mais amplo sentido. Compreender com quem, de fato, estamos concorrendo, pelo ângulo do consumidor e por sua real dinâmica de consideração e compra, lança novas luzes sobre o processo de planejamento de marcas.

Foi a partir dessa compreensão que se cunharam expressões como "*share of mouth*": ao entender que, ao entrar em um barzinho ou uma padaria com o impulso de comprar algo gostoso, um chiclete, um sorvete, um refrigerante, uma barra de chocolate ou de cereal, um pão doce ou tantas outras opções, temos uma melhor compreensão do real desafio de nossas marcas e do que precisamos fazer acontecer por elas.

Ao considerar que fundos de investimento concorrem não apenas com outros produtos de fundos, mas também com gastar, viajar, comprar jóias ou obras de arte, poupar, etc., temos mais chances de criar estratégias que façam diferença para o negócio de nossos clientes.

Indague-se sobre o processo de compra do consumidor ou sobre o rol de bens e serviços que atraem seus gastos, pois isso pode dar uma luz completamente nova sobre a questão, ajudando a definir com mais riqueza o quadro de concorrência, o que é vital para planejar adequadamente seu posicionamento e sua comunicação no mercado.

24 Planejar comunicação é prioritariamente um ato criativo ou racional?

Os dois. A razão é uma faculdade operária, que nos ensina a amarrar sapatos, mas não concebe poemas de amor, enquanto a sensibilidade rastreia possibilidades, mas não as dispõe de forma ordenada em um plano. Nada tem solução se você não estiver a fim de perceber e entender. A verdade é grande demais para estar contida em qualquer sala de executivo. Ela está na rua, e é preciso buscá-la. Quem não gasta sola de sapato, não "perde tempo" pensando, ou quem não encosta a barriga no balcão não consegue apreendê-la. E a apreensão da verdade é o primeiro passo para quem quer entender as coisas.

Nesse processo, é fundamental o interesse, a capacidade de encantar-se com o problema, pois as coisas guardam um segredo só revelado a quem se apaixona por elas. As informações passam pela mente indiferentes como a água escorre nas costas de um pato: sem tocá-la. É preciso estar com a sensibilidade aberta para reconhecer a verdade quando ela aparecer.

Daí, quando se apreende suficientemente a verdade e se pode analisá-la com o tempo necessário, a solução para o planejamento emerge. Sempre. Por si só.

O processo é o mesmo, seja para Einstein, Nelson Cavaquinho, eu ou você. A sensibilidade capta e a mente verbaliza. E se a solução do problema não vier? Volte às informações colhidas e espere. Ela virá. Não tenha medo de investir em tempo. Quem economiza tempo tende a errar e ter de fazer tudo de novo.

25 O que é melhor: propaganda criativa ou propaganda vendedora?

O que é melhor: Avião bonito ou avião que voa? É claro que a resposta é "avião que voa". De nada adianta um design que enche os olhos, se não responde de maneira eficaz à sua função. Por que, no entanto, não reunir uma forma criativa a um conteúdo relevante e mobilizador?

Existe um paradigma de que propaganda vendedora precisa ser desprovida de originalidade. É típico da propaganda de varejo ser previsível e desinteressante com o propósito de ser vendedora.

Com isso, todas elas parecem exatamente iguais. A impressão que se tem é de que, se substituirmos a assinatura de uma loja por outra, ninguém sequer perceberá.

A história da propaganda, em todo o mundo, está repleta de exemplos da boa criatividade que gerou verdadeiros impérios, pelo seu poder de converter pessoas em consumidores da marca.

Alguns exemplos, como Nike, Coca-Cola, Absolut, Brastemp, são demonstrações de que a combinação de criatividade e conteúdo gera mais vendas.

Nesses casos, a criatividade foi utilizada como maneira de amplificar a mensagem sem perder de vista o objetivo de conquistar adesão.

Quando a criatividade é gratuita, um fim em si mesma, deixa de cumprir sua missão, da mesma maneira que um lindo avião que não voa.

26 Uma agência de propaganda deve, obrigatoriamente, também cuidar das atividades de comunicação no media de um produto?

O importante, nesse caso, não é quem cuida de cada atividade, mas como a imagem do cliente está sendo percebida pelo público-alvo.

A designação "comunicação no media" abrange todos os esforços para cobrir a extensa gama de pontos de contato possíveis da marca com o consumidor (exceto publicidade, obviamente). Vai da embalagem vista na gôndola até as relações públicas da companhia. É muito importante que todos esses pontos de contato da marca sejam sinérgicos e tenham um espírito de unidade que seja reconhecido pelos consumidores.

De modo geral, uma agência de propaganda contemporânea, por mais completa que seja, não tem seu core business na criação de embalagens nem na execução de complexas estratégias de comunicação institucional. Ela tem por principal competência, isso sim, a obrigação de traduzir o conjunto de objetivos do plano de marketing de seu cliente em um plano de comunicação que pode, ainda, englobar atividades no media. Além disso, junto com a criação e a veiculação das campanhas publicitárias adequadas, a agência pode contratar e coordenar fornecedores especializados em pesquisa, assessoria de imprensa, relações públicas, design industrial, promoção de vendas e outras atividades no media, com intensos reflexos positivos na comunicação total do cliente, inclusive no que tange a atividades no PDV.

Isso significa que a agência de propaganda deve participar do processo de contratação e orientação das empresas terceirizadas que vão realizar esse tipo de trabalho, cumprindo seu papel de gestora da marca e dos interesses estratégicos do cliente. Existe também, principalmente nas grandes agências, a opção de estruturar um departamento interno ou abrir uma empresa especializada nas competências de comunicação no media. A decisão depende do interesse de se ter essa estrutura "dentro ou fora de casa".

27 Tenho um produto que está em extinção. É possível desenvolver um plano de marketing que reverta essa situação?

Basta olhar para o nosso dia-a-dia como consumidores e facilmente identificaremos dezenas de produtos e marcas cuja morte eminente já foi decretada há muito tempo e que ainda hoje continuam gerando faturamento considerável para suas empresas. Alguns exemplos são: Biotônico Fontoura, geléia de mocotó Colombo, Leite de Rosas, a pomada Minâncora, a inimitável Maizena e o queijo Catupiry.

Geralmente, as alternativas de crescimento para empresas que possuem produtos com risco de extinção podem ser identificadas em três direções básicas:

- **A primeira e a mais óbvia é, por meio da propaganda, tentar inverter a tendência de morte do produto, estimulando a continuidade do seu uso.**
- **A segunda direção é descobrir novos segmentos de usuários do mesmo mercado no qual a empresa já vem atuando com o produto.**
- **A terceira possibilidade, e também a mais ousada, é procurar entrar em outros mercados a partir de novos usos do produto.**

A principal providência para revitalizar um produto é não aceitar placidamente que sua morte seja uma fatalidade sobre a qual nada se pode fazer.

Tente olhar para o produto a partir de novos ângulos, avalie se ele já não tem, em si mesmo, a solução para a continuidade de sua vida.

As lições que a história do marketing nos trazem repetidamente são de que a empresa de sucesso é aquela que cria seus próprios mercados e reinventa a si mesma e seus produtos todo o tempo.

28 O que vende mais: construir uma marca ou fazer promoção de venda?

Há uma tendência, na natureza humana, em ver o mundo de modo polar. O que isso significa? Estamos sempre avaliando as coisas a partir de duas posições opostas: moderno ou antigo, popular ou sofisticado, marca ou promoção.

Esse tipo de comportamento acaba nos colocando diante da necessidade de fazer determinadas opções que só existem porque nós as criamos. Em que livro está escrito que o valor da marca se opõe à prática de realizar promoções, ou vice-versa?

É óbvio que o melhor resultado vem da combinação desses dois componentes: o valor percebido na marca e o excitamento pela compra do produto.

Se, por um lado, em última instância, as pessoas fazem sua seleção final do produto (compram) no PDV, por outro, negar o valor da marca como determinante na escolha é, no mínimo, ingênuo. Produtos são bens copiáveis e, sem marcas, são desprovidos de qualquer significado. A marca é responsável por atribuir personalidade ao produto, ajudando o consumidor a formar juízo e simplificar suas escolhas.

Os estudos indicam que a maioria dos consumidores já chega ao PDV com as marcas de preferência definidas e tende a manter essa preferência no ato da compra.

> **Quem costuma ter o saudável hábito de visitar canais de venda sabe do risco de pasteurização que os produtos correm na maneira como são expostos, e aí entra o talento de sair da paisagem geral.**

De igual importância é a capacidade que a empresa tem de fazer com que seus produtos adquiram fosforescência no PDV. Quem costuma ter o saudável hábito de visitar canais de venda sabe do risco de pasteurização que os produtos correm na maneira como são expostos, e aí entra o talento de sair da paisagem geral.

Em uma realidade cada vez mais complexa e competitiva, as respostas não são mais tão simplistas como eram no passado.

O sucesso não é resultado da mágica de realizar uma ou outra ação, mas da competência para administrar os recursos dos quais dispomos, combinando os instrumentos que o marketing nos dá, sem a preocupação de defender um ou outro ponto de vista, e sempre pensando no sucesso do negócio.

29 Qual a característica básica, na opinião de vocês, para ser um profissional de comunicação bem-sucedido?

As coisas se transformam um pouquinho a cada dia, no ritmo do ponteiro dos segundos no relógio, mas, de repente, elas se revelam em toda a sua magnitude, na forma de uma realidade totalmente nova.

Um dia, você acorda e constata que as coisas não são mais as mesmas e que as leis que regiam as relações das pessoas com a vida já não funcionam como antes. O que pode ser mais perigoso para a sobrevivência profissional do que a obsolescência do talento? O apego às fórmulas que deram certo no passado, o medo de tentar o novo, a falta de tempo ou de vontade de aprender maneiras de fazer diferente. Hoje, todos nós corremos o risco de terminar o dia modernos e acordar antigos na manhã seguinte.

Velho e novo não são mais conceitos cronológicos, mas uma questão de atitude. O mercado mudou, as empresas mudaram, o mundo mudou, e isso é fascinante.

O novo é uma constante que desafia nossa capacidade de negar o conforto das respostas conhecidas em favor da curiosidade do aprendiz; um convite à infidelidade: abandonar a suposta segurança de uma situação que acreditamos dominar pela condição de reaprender e, assim, ganhar o direito de fazer parte da "festa".

Estamos todos vivendo uma nova realidade com uma dinâmica própria. Olhar para o mercado é descobrir que as relações de força se modificaram. Hoje manda quem tem o relacionamento com o consumidor, muito mais do que aqueles que simplesmente fabricam produtos.

Velho e novo não são mais conceitos cronológicos, mas uma questão de atitude. O mercado mudou, as empresas mudaram, o mundo mudou, e isso é fascinante.

As transformações estão à vista de todos. O jovem é consciente da sua influência e importância; os pais querem menos responsabilidades; as mulheres sonham com uma carreira bem-sucedida e com maridos que troquem as fraldas de seus bebês. Os comportamentos não são mais os mesmos, os hábitos mudaram, os valores são outros. E, amanhã, quem pode garantir que não será tudo diferente?

As regras do jogo são: decifrar as novas leis que influenciam o mercado e adquirir um novo tipo de conhecimento, aquele que funciona porque é contemporâneo com o que está acontecendo agora.

Esta é uma época fantástica para se viver. Quando seria possível imaginar que o poder não estaria com quem tem mais dinheiro ou na força bruta do tamanho, mas na capacidade de encontrar as respostas certas para as novas perguntas?

Para aqueles que têm a função de desenvolver mercados e trabalhar para o sucesso de empresas, isso não é opção, mas condição. A senha para merecer o sucesso é a prática diária de uma atitude voltada à inovação.

No futuro, existirão apenas dois tipos de profissional: o que se apaixona pela possibilidade de se reinventar e o que morrerá agarrado às suas velhas certezas.

30

Tenho uma marca popular que vende milhões de produtos todos os anos. Em vez de contente, estou preocupado, porque, como marca popular, não consigo vender pelo preço de que preciso, nem para o consumidor, nem para a revenda. Existe uma solução de comunicação para esse problema?

A pior estratégia que se pode adotar em uma situação como essa é investir em comunicação para convencer o consumidor de que sua marca não é popular.

A melhor maneira de promover uma marca é aceitar sua vocação natural e potencializar o que essa vocação traz de bom para o público com o qual se relaciona.

Embora algumas pessoas duvidem, o consumidor é inteligente, perspicaz e sabe identificar com precisão a verdadeira essência das marcas que habitam seu universo.

É curioso ver algumas campanhas de propaganda que fazem uso de elementos de *status* ou personalidades para tentar se livrar do estigma de marca popular.

Esse é um dinheiro a fundo perdido, porque o consumidor sabe que aquele é um artifício que não faz parte da natureza da marca.

O erro está em confundir suntuosidade ou fama com valor.

Uma marca ou um produto pode ser popular e, ao mesmo tempo, possuir muito valor, desde que tenha o poder de dignificar seu usuário.

O Brasil é um país de produtos que o consumidor quer comprar mas não pode, e de outros que pode comprar mas não quer. As empresas que oferecem produtos que as pessoas querem e podem levar para casa têm sucesso garantido.

A chave para resolver essa equação chama-se "dignidade", que pode ser materializada em uma comunicação inteligente e que assuma que o popular não significa ser brega, feio ou grosseiro.

A dignidade também pode estar num item que não custe mais, porém, agregue valor. O Uno Mille com injeção eletrônica, o design do relógio Swatch, a qualidade de acabamento das malhas Hering e o estilo da sandália Melissa são exemplos típicos.

Nenhuma propaganda é capaz de transformar uma marca popular em outra coisa que ela não é, mas pode dar dignidade ao seu consumidor, e essa, com certeza, é uma qualidade que para ele vale muito.

VOCÊ MOSTRA QUE CONFIA NA QUALIDADE DOS ALIMENTOS DA BUNGE TODA VEZ QUE DIZ PARA SEU FILHO: ABRA A BOCA E FECHE OS OLHOS.

Sabe por que é tão gostoso preparar algo para seus filhos com farinha Sol, margarina Delícia, sucos All Day e outros alimentos da Bunge? Porque só a Bunge cuida de tudo para você, do campo até sua mesa. Começa no campo, com insumos para o agricultor produzir mais e melhor. Passa pela indústria de alimentos, com matérias-primas de alta qualidade. E chega até sua casa, com as marcas que você conhece e confia. Com todo esse cuidado, chega a ser injusto chamar de lanchinho o que você prepara com os alimentos da Bunge.

BUNGE

Consul

Consul

Campanha: “Pode confiar”

31 Minha empresa usa basicamente a televisão como veículo de propaganda, e isso me deixa preocupado com o zapping. O que devo fazer?

O único defeito de caráter que ninguém perdoa em uma pessoa é a chatice. Em um comercial, as coisas não são diferentes. O produto pode ser bom, a empresa bem-intencionada e a mensagem adequada, mas, se a maneira como tudo isso for embalado for chata, pode estar certo: o consumidor não perdoa e vai se vingar, preferindo trocar de canal.

Um comercial é sempre uma interferência numa programação e, portanto, deve procurar integrar-se naturalmente a todo o resto. Se possível, ser uma forma de entretenimento até melhor do que aquilo que as pessoas escolheram para assistir. Se você acredita nisso – e, pode apostar, seu consumidor também pensa assim –, é preciso pôr em prática essa crença, optando por roteiros instigantes, que, além do conteúdo relevante e mobilizador, também sejam provocativos e divertidos.

Quando estiver na situação de ter de aprovar uma nova campanha, procure decidir colocando-se na posição das pessoas a quem a campanha se destina. A apresentação do roteiro provocou em você uma boa gargalhada ou o deixou emocionado? Então, aprove na hora. Escolher o roteiro certo tem mais de intuitivo que de racional. Assim como as pessoas se comportam quando estão na frente de suas tevês. Faça diagnósticos certos, planeje e prepare um bom *briefing*, para que na hora de aprovar a campanha você só precise usar o método do "eu gostei".

A regra áurea para ter uma propaganda que encante e deixe os seus consumidores ligados é ser interessante. Nenhum veículo dá desconto para propaganda chata. Nesse caso, ninguém perdoa. Inclusive o consumidor, que muda de canal mesmo.

32 Quais são as qualidades essenciais de um bom profissional de planejamento?

Os melhores planejadores são aqueles capazes de aliar a capacidade de análise lógica a muita intuição e criatividade. De usar e desenvolver os lados direito e esquerdo do cérebro. De interessar-se não por números, mas pelo que eles significam. De tentar entender não o que as pessoas dizem, mas o que quiseram dizer.

Os bons planejadores estão interessados em entender os fenômenos (como a dinâmica de compra) não apenas pelo prazer de destrinchá-los, mas pelo grande desafio de encontrar uma maneira de direcioná-los em favor das marcas, por meio do marketing e da propaganda.

Na verdade, a capacidade alargada de produzir insights e ir além da análise dos dados é o que diferencia o bom planejador do planejador mediano, porque planejar caminhos inovadores com eficiência requer, antes de tudo, descobrir novas formas para alcançar os resultados desejados.

Isso exige o vislumbre de possibilidades, muitas vezes, apenas sugeridas na massa de dados que a realidade oferece, como pepitas, o que só é possível com uma visão aguda, com criatividade e intuição.

33 Por que nem sempre o que é premiado em festivais de propaganda faz sucesso com o consumidor?

Em primeiro lugar, quando se julgam trabalhos da própria atividade, não há uma tendência a ser popular. Isso serve para qualquer profissão. Os maiores prêmios, em medicina, arquitetura, literatura ou jornalismo, raramente foram vistos por quem não é do ramo. Ao contrário, são, na maioria das vezes, totalmente desconhecidos do grande público.

Em segundo lugar, existem diversos tipos de festival. Nos internacionais, como Cannes, por exemplo, acabam sendo premiados aqueles trabalhos que têm uma linguagem mais universal. Portanto, aqueles que falam mais aos jurados internacionais do que ao consumidor brasileiro.

No Brasil, de certa forma, esse modelo se repete. Com base nos parâmetros internacionais – anuários, DVDs, fitas e sites de propaganda do mundo inteiro circulam, o tempo todo, dentro das agências –, os jurados dos concursos nacionais acabam, na maioria das vezes, premiando a "vanguarda" e não o "pop". Existem honrosas exceções, é claro. Propaganda que agrade o anunciante, a agência, o consumidor e a crítica é o sonho de todo mundo, no mundo todo.

34

Temos tido sucesso na maneira de fazer nosso marketing há muitos anos. Atualmente, uma parte da diretoria tem insistido para adotar mudanças mais significativas. O que é melhor: aprimorar o que fazemos ou buscar inovação?

Nicholas Negroponte, uma das mais brilhantes cabeças do nosso tempo, é um pensador fabuloso sobre o futuro da informação. Sua sensibilidade gera sempre reflexões importantes a respeito da função do conhecimento e seu uso relevante na vida de pessoas e organizações. É dele uma das colocações perturbadoras na qual acreditamos: "O incrementalismo é o pior inimigo da inovação".

É aprimorando aquilo que já fazem e incrementando o modelo presente de atuação, entrentanto, que pessoas e empresas gastam a maior parte do seu tempo e alocam grande parte dos seus recursos e de sua energia.

As pessoas e as empresas tornam-se especialistas em repetir a si próprias, buscando fazer melhor hoje o que faziam ontem. Em nome da redução do risco prefere-se adotar fórmulas supostamente testadas e aprovadas, confiando que a qualidade na sua implementação fará a diferença. É a lógica do "faça a coisa pelo jeito que sempre funcionou", prevalecendo sobre o "pense novo".

Nesse sentido, as organizações estimulam atitudes previsíveis e reprimem a originalidade, a inovação. "Não invente. Vai mudar por quê?" O resultado é a mediocrização dos talentos e do produto final desse talento. Qualquer que seja a atividade, esse é um comportamento altamente perigoso. Na prática da comunicação e do marketing, porém, pode ser um pecado mortal.

Paradoxalmente, ao optar por incrementar em vez de inovar, não se corre o risco de errar, mas também não se corre o risco de acertar. A cultura do incrementalismo encontra terreno favorável à sua adoção e realimentação.

É da natureza humana reproduzir os modelos que funcionaram e as experiências de sucesso do passado. Ao mesmo tempo, a tendência é sempre de buscar o conhecido. Temos resistência em abandonar o conforto do mundo que dominamos para abrir caminho rumo ao novo.

As cobranças pelo resultado de curto prazo agravam esse comportamento. A crença de que, para chegar às metas do mês, é preciso "apostar no certo" faz com que muita gente confunda eficácia com atitudes simplistas.

Consciente ou inconscientemente, procuramos justificar e validar essa postura, referendando o aprimoramento das fórmulas conhecidas como a melhor estratégia de atuação.

Milhões de reais são gastos com pesquisas e mecanismos de aferição cujo único objetivo é aperfeiçoar produtos, planos de marketing ou formatos criativos. Manuais com centenas de páginas e regras rigorosas são desenvolvidos para assegurar que ninguém pense diferente do desejado. A cada um cabe a missão de zelar para que a fórmula se perpetue em versões melhoradas, mas sempre fiéis à sua concepção.

O efeito é a esterilização coletiva, a falta de propostas surpreendentes que encantem pessoas, consumidores e os envolvam por serem provocativas, mobilizadoras, relevantes.

Reflita sobre quantos novos produtos recentemente lançados trouxeram, efetivamente, algo de inovador e mexeram com o mercado. Pare e constate a enorme quantidade de comerciais e anúncios que se repetem, ano a ano, ganhando apenas alguns ajustes a título de aprimoramento. Faça o exercício de eliminar a marca que assina um determinado anúncio e substitua-a pela marca do concorrente. Será que faz diferença?

Na verdade, a paisagem geral é de uma grande mesmice, a ponto de produtos e marcas se confundirem, fazendo com que, em boa parte, o investimento realizado em comunicação se perca pela ausência de singularidade. Curiosamente, quanto maior e mais poderosa é a organização e quanto maiores os recursos de que dispõe, maior é a resistência à mudança e à inovação.

Os pensamentos de que "não se mexe em time que está ganhando" ou "o sucesso obtido no passado garante o sucesso no presente" ajudam a validar a manutenção das fórmulas. Com o tempo, o efeito é perverso. O que parecia o caminho mais seguro e lógico mostra exaustão e impotência.

Quando nos defrontamos com uma nova realidade de mercado como a que vivemos, mais competitiva e sofisticada, nem sempre o caminho do raciocínio lógico é a melhor maneira de encontrar respostas originais ou soluções inéditas para novas questões.

Num ambiente em transformação, às vezes, contrariar aquilo que parece óbvio ou o mais seguro é a forma mais eficaz de encontrar novas respostas para problemas de marketing.

No marketing e na comunicação, temos visto repetidamente a busca de soluções-padrão que parecem lógicas, mas que podem estar direcionando ao insucesso, e aí não conseguimos entender por que os resultados já não acontecem mais como antes, se estamos usando a fórmula que sempre funcionou. Diante de novas situações de mercado, as velhas e seguras respostas já não servem mais.

A inquietude diante das coisas, o questionamento sobre o que deu certo ontem, é o antídoto para a comodidade das fórmulas prontas. É preciso desconfiar das conclusões óbvias, dos chavões, das soluções do tipo "prato pronto", que parecem servir para qualquer problema.

Não vamos gastar nosso tempo e talento incrementando aquilo que já fazemos. Temos de pensar no novo, procurar respostas originais, dar a importância necessária à criatividade, qualquer que seja a atividade em que estejamos envolvidos.

Manter a ambição de criar produtos que representem, de fato, uma inovação, que signifiquem uma ruptura. Gerar uma comunicação com conceitos originais, traduzida em uma propaganda contundente, que saia do padrão previsível da média do que vemos na mídia. Ter a coragem de ser diferente, correr o risco de romper com as regras, olhar com a mente aberta para o que todo mundo olhou e, como resultado, ver o que ninguém viu.

As promessas de sucesso serão generosas para quem tiver a ousadia de experimentar o novo. Tudo o que aconteceu de importante no mundo não foi resultado de aprimoramentos, mas do pensamento inovador.

Adaptando uma frase do marquês de Halifax: "A experiência do passado, embora seja uma boa companheira, geralmente é um mau guia".

35 É justo cobrar minha agência por baixos resultados nas vendas do meu produto?

Em nossa opinião, parece bastante justo que a agência seja cobrada quando os resultados não são atingidos.

Da mesma maneira que hoje os executivos são pagos para fazer acontecer aquilo que a empresa quer que aconteça, e não simplesmente para administrar, também no caso da agência, mudou o parâmetro a partir do qual deve ser avaliada.

Não basta que a agência gere boa propaganda, que seja dedicada ao cliente, leal, honesta e esforçada. A agência tem de agregar de modo eficaz para que os resultados de seus clientes aconteçam, inclusive vender e ter lucro.

Se, ao final do exercício, aconteceu aquilo que o cliente se propôs a realizar, a agência trabalhou bem; caso contrário, trabalhou errado.

O crescimento da importância da comunicação como instrumento de ativação de negócios resultou, em contrapartida, no aumento da responsabilidade da agência.

O profissional de comunicação não pode mais exercer seu oficio de maneira periférica ao negócio dos clientes. A agência deixou de ser figurante para se tornar protagonista no processo de comercialização de produtos e serviços; assim, deixou de ser mera fornecedora de anúncios para assumir a responsabilidade de gerar soluções para situações de mercado.

Uma agência que não tenha essa consciência sobre seu papel e não tenha desenvolvido as competências para atuar dentro dessa nova realidade, colocando-se à disposição dos objetivos dos clientes, não serve, rigorosamente, para coisa nenhuma.

36 Se precisasse escolher um elo da minha cadeia de negócios para dar foco, em quem eu deveria focar: no canal ou no consumidor?

Vamos imaginar o seguinte quadro: por um lado, aumenta o número de competidores, a cada dia surgem novos produtos que passam a disputar a preferência do consumidor. A tecnologia é democratizada e as opções se tornam tão parecidas que é difícil reconhecer diferenciais que justifiquem a preferência do consumidor.

Por outro lado, o processo de concentração dos canais de distribuição faz com que um número cada vez menor de revendedores seja responsável por uma parcela cada vez maior das vendas, ganhando um poder de pressão nunca visto. No meio de tudo isso, está o consumidor, com muitas necessidades, mas com um orçamento limitado.

Sem dúvida, a vida fica um pouco mais dura a cada dia para quem tem um produto para vender. A competição e o poder de negociação da revenda aumentaram, mas não aumentou a renda do consumidor.

Como prevalecer nessa nova ecologia de mercado sem sacrificar as margens e sem comprometer a imagem da marca e o lucro? A resposta é: ser importante. Ser importante para quem realmente faz diferença: o consumidor. Nesse sentido, teremos de rever nosso discurso, falar menos das nossas virtudes e mais do que podemos fazer pelos nossos clientes.

O que todo mundo quer saber hoje é: O que seu produto pode fazer a meu favor? É a diferença da comunicação centrada na apologia das qualidades do produto e voltada para os interesses e as necessidades do consumidor.

Muitos milhões de dólares são investidos para apregoar os méritos do produto, quando, na verdade, o que interessa é o que esses méritos têm a ver com as carências das pessoas.

Basta prestar atenção ao que assistimos na tevê e lemos nos jornais e nas revistas para constatar como está faltando a segunda parte da mensagem, ou seja, o que todas aquelas maravilhas do marketing moderno podem fazer por você. É o pecado que cometemos quando falamos para o mercado olhando para o próprio umbigo.

No mundo todo, os produtos e as marcas que têm obtido maior sucesso não são aqueles que se dedicam a propagar as qualidades do produto, mas aqueles que se preocupam em falar sobre as pessoas. Isso não quer dizer que não devemos continuar nos preocupando em desenvolver diferenciais de produto. É apenas a constatação de que qualidade não é aquilo que colocamos nos produtos, mas aquilo que o consumidor percebe.

Algumas empresas não se conformam com a ingratidão do consumidor, que teima em comprar do concorrente e não reconhece quão superior é seu produto. O problema é que as pessoas estão interessadas mais em si mesmas do que na tecnologia que impressiona o fabricante.

Ainda hoje, surpreende a falta de entendimento de que as pessoas querem sentir-se importantes e tendem a se associar a tudo e a todos que dêem demonstração de que as respeitam e respeitam suas necessidades. Estamos falando em respeito *lato sensu*, a começar pela própria forma de falar com o consumidor e pelo respeito por sua inteligência.

Será que alguém pode acreditar que uma mulher vai ficar feliz e radiante por ter de ir para a cozinha, numa tarde de sábado, em razão da chegada de visitas inesperadas, somente por usar uma marca de margarina? Ou será que alguém imagina criancinhas cantando em coro uma música que rima banana com algum tipo de farelo vitaminado? Ainda podemos, no entanto, ver quem insista em falar com o consumidor de uma forma que não tem nenhum senso com sua realidade.

É muito estranho que, de repente, a garota-propaganda para anunciar um novo creme de beleza, apareça bem no meio de um suposto laboratório, onde figurantes de avental branco ignoram sua presença, enquanto fingem estar olhando em microscópios. Essa comunicação é resultado de fórmulas-padrão, que ditam regras como "donas-de-casa devem estar sempre sorrindo", ou "comerciais que têm música são mais lembrados", ou ainda "laboratórios sempre dão maior credibilidade ao que se está dizendo". Na verdade, o resultado são comerciais mais chatos e com os quais as pessoas não se identificam.

É preciso falar com o consumidor da mesma maneira como gostaríamos de que falassem conosco: ser verdadeiros, naturais, trazer situações em que as pessoas se reconheçam e o produto seja instrumento de sua gratificação.

Outro ponto importante – e pouco considerado – é ser freqüente no contato com o público. Estar próximo, não deixar que se criem grandes hiatos na comunicação com o mercado, é um modo de demonstrar que nos importamos em manter contato com nosso público, que estamos permanentemente interessados na sua opinião e não apenas, vez por outra, quando precisamos dar uma turbinada nas vendas. Estabelecer relacionamentos e manter vínculos também dependem da constância.

Da mesma maneira, é fundamental que a comunicação reflita uma atitude coletiva da empresa em relação ao mercado. Cada profissional deve ser portador dos valores divulgados nas manifestações da marca. De que adianta louvar o consumidor na comunicação se, no seu primeiro contato com a empresa, o tratamento que recebe é exatamente o inverso?

Muitas outras são as formas de ser importante para quem manda, "o consumidor", mas vamos finalizar com sua carência de poder interagir com a empresa e a marca da sua escolha. Em geral, temos a tendência de emitir, sem nos preocupamos em criar condições para que o consumidor possa manifestar-se.

O processo é: a empresa emite e o consumidor recebe e retribui na forma de comprar ou não o produto. O processo de comunicação, no entanto, é formado por emissor, receptor e retorno. As pessoas querem muito sair da posição passiva e poder, elas também, falar com a empresa.

Nesse sentido, o serviço de atendimento ao consumidor (SAC) tem importância fundamental e, felizmente, muito evoluímos nos últimos anos. Se ainda temos histórias para contar sobre mau atendimento, multiplicam-se os casos de pessoas que procuram o SAC e são bem orientadas, têm seus problemas solucionados e, até mesmo, recebem algum tipo de compensação, enviada para suas residências, numa demonstração de que a empresa lamenta pelo problema ocorrido.

As pessoas querem ser ouvidas.

Em tese, toda comunicação funciona, só que algumas funcionam mais do que as outras: são aquelas que estão voltadas para o que é importante para quem decide. Não importa quanto o contexto mude — as tecnologias que possam surgir, as mudanças na revenda —, continuará a prevalecer sempre quem tiver, ao seu lado, o consumidor.

37 O que faz a diferença entre um bom e um mau briefing?

Um bom briefing não é uma compilação de fatos, desejos e ansiedades do cliente. Deve ser, antes de tudo, claro. Para ser claro, deve expressar, de forma direta, objetiva, coesa e inconfundível, o objetivo da comunicação. Uma vez que o objetivo é expresso de forma clara, o briefing deve adicionar aspectos estratégicos da marca, dados que suportem a promessa, comportamento dos consumidores em relação ao produto, prioridades de conteúdo e informações sobre mídia, verba, cronogramas. Esses aspectos balizam o trabalho, diminuindo a margem de erro. Do ponto de vista da psicologia do trabalho, o briefing deve ser estimulante e desprovido de temores, principalmente políticos. Deve ser conciso e apontar para soluções, não para problemas.

Um mau briefing, ao contrário, é chato, promete demais, exagera nos detalhes por não conseguir apresentar diferenciais, tenta escrever o copy do anúncio, não expressa a unicidade da marca, é impreciso, inespecífico, longo demais e sem foco.

38 O que faz uma campanha de publicidade ter sucesso na internet?

Talento antes de mais nada. Talento para definir claramente os objetivos da ação de comunicação. Talento para desenvolver o planejamento estratégico. Talento criativo nas peças. A isso se deve somar o conhecimento tecnológico do meio.

Nas peculiaridades da internet, devemos sempre nos fazer perguntas como: "O que estamos buscando: impactar nosso target com visibilidade? Interatividade? Formar um data-base adequado? Vender?".

As respostas para essas perguntas freqüentemente direcionam a campanha publicitária na web para um caminho de sucesso.

Nas peculiaridades da internet, devemos sempre nos fazer perguntas como: "O que estamos buscando: impactar nosso target com visibilidade? Interatividade? Formar um data-base adequado? Vender?

39 Tenho dificuldade de estabelecer com clareza a personalidade da marca. O que devo fazer?

Uma marca é construída a partir de atributos racionais e emocionais, e estes são os responsáveis principais pelo estabelecimento de vínculos e pelo conseqüente processo de fidelização dos clientes.

Estudos na área do comportamento humano demonstram que as pessoas têm uma grande dificuldade de estabelecer vínculos emocionais com as coisas. Para que isso aconteça, existe a necessidade de humanizá-las, conferir características humanas, como personalidade e valores, enfim, aquilo que se costuma definir como a personalidade da marca. Então, é importante que, no trabalho de posicionamento da marca, seus traços definidores sejam bem estabelecidos pelo planejamento e pela criação. Generalidades, como "contemporânea", "saudável", "jovem" ou "alegre", pouco oferecem enquanto elementos de real diferenciação no universo de marcas que, diariamente, atingem o consumidor para obter sua preferência.

Estabelecer a personalidade de uma marca requer um extenso e complexo trabalho de identificar seus diferenciais, os traços que fazem dela algo diferente das outras, sem ficar preso à suposição de que a personalidade da marca tenha de ser semelhante à personalidade ou às atitudes identificadas no target. Isso porque não gostamos apenas daquilo que seja igual a nós. Se fosse assim, todas as marcas voltadas a um mesmo segmento consumidor teriam, obrigatoriamente, igual personalidade.

Relevante, sempre; semelhante, nem sempre.

De qualquer maneira, fuja sempre dos clichês na definição da personalidade de uma marca, pois isso ou é absolutamente inócuo, ou só leva a caminhos comuns que não propiciam a diferenciação no mercado. Além de desgastar a criação.

40 O que é mais eficiente: propaganda que usa humor ou propaganda séria?

Toda propaganda com humor tem de ser séria. Chatice não é seriedade, e carranca não é conteúdo.

O que gera eficiência em um anúncio é o teor de interesse que possui para seu público-alvo. A forma pode variar se o conteúdo permanecer.

Nesse sentido, convém não esquecer que a propaganda, além de informar e promover uma marca ou um produto, tem a obrigação de entreter. É preciso ser interessante. Só que a graça pela graça e o riso pelo riso são recursos fáceis que não funcionam.

É preciso que haja inteligência e pertinência por trás daquela mensagem bem-humorada, porque o consumidor poderá até achar graça, mas ele não é bobo.

Jornal da Tarde

Reclame, critique, denuncie, defenda-se.
www.defenda-se.inf.br
jornal da tarde
Defenda São Paulo. Leia o JT.
TALENT

Tigre

Campanha: "Mico"

O que
a
Tigre
inventou
agora?

41 No caso de os fatores que influenciam a economia não serem favoráveis, como posso fazer para manter meu negócio sadio e em expansão?

A conversa mais freqüente por ocasião da queda do PIB, ou de economia estagnada, é sobre a perda do poder de compra do consumidor e seu impacto nas vendas. Empresas de todos os segmentos, em ato reflexo, fazem previsões sobre a redução de volumes de vendas e faturamento.

De fato, é provável que grande parte dos segmentos de mercado tenha de conviver com a situação de menor demanda e a redução nos volumes em números absolutos. Mesmo que o mercado sofra uma forte redução, ainda assim o Brasil continua sendo um enorme mercado, movimentando grandes volumes físicos e em dinheiro.

Na medida em que são raras as empresas que possuem participações de mercado dominantes da ordem de 60% a 70%, cabe às empresas não computar antecipadamente suas perdas, mas pensar em como conquistar uma parcela maior de mercado em seu segmento de atuação.

Quem trabalha em marketing e comunicação precisa escrever uma outra história para sua empresa e sua marca em momentos de dificuldade. É preciso adotar uma atitude de vitalidade, criando razões de preferência pelos seus produtos, gerando excitamento no consumidor, vibrando no PDV, motivando e envolvendo sua equipe, principalmente a área comercial.

Do futuro, a certeza que podemos ter é de que nossas empresas e marcas precisarão continuar vivas. Todos os dias precisaremos abrir nossas portas, pagar salários, impostos, produzir e vender.

O futuro será mais fácil se não decretarmos, a nós mesmos, a redução de nossos negócios. Use a comunicação, use o marketing, veja a situação como oportunidade para crescer. O mercado está aí, e será mais generoso com quem fizer uma opção pela vida e não pela morte.

42 Qual será o futuro da internet?

O que se chama hoje de internet está limitado à experiência com um computador ligado a um modem. No futuro, essa experiência se expandirá para as várias atividades humanas. Os celulares poderão trocar informações com as redes de computador; os televisores, os eletrodomésticos, os carros e os móveis da casa poderão estar todos ligados em rede e ser, então, interativos, estabelecendo uma comunicação com as pessoas. Esse esforço tende a deixar o homem ciente de tudo o que acontece ao seu redor. A propaganda será, então, atomizada a um nível microscópico de lugares, momentos e pessoas; terá de ser ultra-específica. Ela deverá ser parte da informação que circula na rede.

43 A estima que o consumidor tem pela marca é suficiente para que ele tome sua decisão de compra?

Pode parecer escandaloso que profissionais como nós, que vivemos de criar marcas de valor, afirmem que apenas uma marca lustrosa não é suficiente para que uma empresa seja plenamente bem-sucedida.

Ao longo do tempo, temos constatado que as pessoas se identificam e se associam às marcas que admiram, mas se apaixonam por produtos. Alguns segmentos de mercado têm investido dominantemente na mística da marca, esquecendo-se de divulgar seus produtos e fazer deles objetos de desejo.

Um caso típico é o das marcas de produtos esportivos. Enquanto todo o esforço de comunicação é direcionado à marca, os produtos são desconhecidos do consumidor.

Quem é capaz de se lembrar de um modelo de calçado esportivo, entrar em uma loja e pedir aquele produto específico pelo seu nome? O resultado é que admiramos as marcas, mas não desejamos nem temos urgência de comprar nenhum produto especificamente.

No marketing, a química perfeita é a que junta o carisma da marca, que é a alma, ao corpo, que são os produtos. O brilho da marca precisa ser substantivado em produtos que as pessoas conheçam e queiram levar para casa. Uma marca carismática encanta, mas são os produtos que apaixonam.

44 Qual é a parte mais importante de um planejamento?

Não há dúvida nenhuma de que a parte mais importante no processo de planejamento é, antes de qualquer outra coisa, estabelecer com precisão aquilo que se deseja que aconteça.

Pode parecer uma providência básica, mas é surpreendente o número de vezes em que se chega à fase final de um plano de comunicação sem que se tenha esse pressuposto claramente definido. A campanha pronta para veicular, mas sem uma definição da finalidade daquilo tudo.

Há aqueles que tentam esconder essa deficiência sob a máscara de objetivos fictícios. Afirmar, por exemplo, que a campanha se destina a aumentar a participação de mercado do produto é um deles. Isso não é objetivo, já que, até hoje, ninguém fez uma campanha com o intuito de diminuir seu share.

Aumentar os volumes de venda ou o preço médio do produto deve ser, na verdade, conseqüência da ação de marketing.

O objetivo é a resposta à seguinte pergunta: "O que temos de fazer acontecer para que nosso volume de vendas, participação de mercado, margem (ou o que for), atinja as metas que pretendemos?".

Antes de iniciar um processo de planejamento, faça esse exercício. Invista o tempo que for necessário até chegar à resposta do que é preciso fazer acontecer.

45 Como criar, na minha equipe, uma visão inovadora?

Houve uma época em que a criatividade estava fortemente associada a atividades como propaganda, principalmente aos responsáveis pela criação das campanhas. Hoje, pensar originalmente, ter uma visão inovadora, é indispensável a qualquer tipo de negócio que pretenda ser bem-sucedido.

As empresas que estão assumindo as principais posições no mercado são as que desenvolveram uma cultura na qual seus profissionais são estimulados a pensar e agir em busca do novo. A técnica é reconhecer os acertos da equipe e minimizar os erros.

Em muitas empresas, no entanto, ainda predomina o estilo punitivo, o que leva as pessoas a agir mais preocupadas com o medo de errar do que movidas pela satisfação em inovar. O poder do estímulo positivo ficou provado em um experimento envolvendo dois grupos de adultos, convidados a resolver problemas simulados de mercado. Para um dos grupos, a avaliação foi falseada, atribuindo notas excepcionalmente altas; para o outro grupo, as notas foram premeditadamente desastrosas.

Como resultado, o grupo que recebeu o estímulo positivo melhorou a cada nova rodada, enquanto o outro fracassou seguidamente.

Nenhuma empresa, seja qual for o ramo de atuação, pode abrir mão de uma equipe criativa e motivada para a realização. Nenhuma empresa pode imaginar ter uma posição vencedora e inovadora no seu mercado quando internamente, adota o estilo de ressaltar as falhas e os fracassos de seu pessoal.

A atitude moderna na gestão de talentos é a que propaga vitórias e celebra os bons resultados. É indispensável ter sempre presente que nada no mundo atrai mais sucesso do que o culto ao sucesso.

46 Se anunciar é tão caro, como é que uma empresa pequena pode fazer propaganda?

A pergunta está formulada de maneira errada. Construída desse jeito, ela não tem solução. Quando a resposta para uma pergunta é "não tem solução", o que precisamos fazer é reformular a pergunta.

Uma possibilidade seria: Se anunciar é tão caro, o que uma empresa pequena deve fazer para se comunicar com seu público?

Feita dessa maneira, a pergunta permite a abertura para outras possibilidades, uma vez que comunicação não é, necessariamente, apenas fazer anúncios.

Quando a Talent abriu suas portas, em abril de 1980, tudo de que dispunha era de duas mesas, três cadeiras, um telefone, lápis e papel sulfite. Mesmo assim, no seu primeiro ano, desenvolveu um intenso trabalho de comunicação, o que acabou lhe rendendo a conquista de três clientes.

Como foi possível? Contratando um serviço de imprensa. Se você consegue transformar os fatos de sua empresa em notícia, é muito provável que consiga gerar mídia espontânea em algum jornal ou revista.

Usar veículos de massa para gerar comunicação não é o único recurso do qual alguém pode dispor para promover sua marca ou seus produtos.

Considere tudo de que você dispõe para se comunicar como sendo mídia. Uma boa idéia é fazer um mailing list de empresas ou pessoas do interesse de seu negócio e enviar regularmente cartas, e-mails ou folhetos.

Suas caixas de embarque, embalagens e notas fiscais também são veículos de comunicação. Não deixe de aproveitá-las.

Escreva um livro, faça palestras, envie artigos para jornais ou revistas do setor em que sua empresa atua. Use o cartão de visitas para promover seus produtos.

Enfim, fazer comunicação é diferente de fazer propaganda. Não é necessário ter muito dinheiro, mas talento e boas idéias.

47 O que a internet tem a ver com responsabilidade social e propaganda?

Na medida em que a internet ajuda o homem a estar onisciente do que acontece no mundo, ela também faz com que ele esteja em contato com as enormes diferenças sociais que existem no planeta. Esse conhecimento força o homem a tomar iniciativas a que, antes, não era obrigado, por ignorância ou por não estar exposto continuamente a essas realidades. Hoje, as grandes corporações têm alocado grandes recursos na área de responsabilidade social. Algumas empresas só aceitam parceiros em seus negócios se eles também tiverem esse tipo de atitude. Isso é resultado da transparência que a internet proporciona. A propaganda, por sua vez, terá de ser mais responsável socialmente, seguindo esse modelo de consciência global. Não adianta mais falar que tal tênis é o melhor se na internet circular a informação de que ele é feito por crianças exploradas em países do Terceiro Mundo.

48 Como faço para meu produto girar na loja se o balconista não quer vendê-lo?

A primeira condição para mudar a atitude do balconista em relação a seu produto e sua marca é procurar descobrir a razão pela qual ele não tem predisposição positiva em relação a você.

Normalmente, a atitude de rejeição do vendedor da loja a determinados produtos deriva de alguns pontos básicos.

Um desses pontos, por exemplo, pode ser que o vendedor considere seu produto como sendo de qualidade inferior. Muitas vezes, esse preconceito se forma pela falta de informação. Se esse for o caso, todo investimento feito em seminários de treinamento será um dinheiro bem gasto.

Talvez o vendedor antipatize com o fabricante.

Já encontramos, algumas vezes, reação negativa ao produto causada pela postura arrogante ou distante do fabricante em relação ao vendedor.

Criar a cultura interna, na empresa, de todos se importarem e valorizarem a função do vendedor da loja é uma forma bastante eficaz de obter a cooperação desse profissional.

Também é possível que o vendedor se sinta mais confortável e gratificado ao vender o produto do concorrente. Nesse caso, simplesmente fazer um trabalho correto não é o suficiente; é preciso fazer com que o vendedor se apaixone pelo seu produto e por sua marca, o que pode acontecer pelo simples reconhecimento de que você se esforça mais do que seus concorrentes para ganhar a preferência do consumidor.

Sejam quais forem as razões ou as motivações do vendedor, é fundamental compreendê-las e procurar respondê-las, porque ele é o elo de maior importância da cadeia, pois tem o poder de influenciar as pessoas em suas decisões de compra.

49 Na agência que me atende, o planejamento e a criação não se entrosam bem. Devo mudar de agência?

Sim. Mude de agência, pois esse é um problema estrutural, e não superficial.

Como resultado da falta de entrosamento, você pode ter uma estratégia muito bem estruturada e mal resolvida na manifestação criativa, ou ter um produto criativo magnífico sem conexão com o pensamento estratégico que norteia a solução do problema.

Ambos são problemas agudos que afetam diretamente a solução para seu negócio e, conseqüentemente, o desempenho de sua empresa.

Aprofundando a análise, quando a falta de entrosamento entre departamentos – que é uma questão "intramuros", nem sempre percebida externamente – passa a ser percebida, revela um quadro de disfunção ainda mais grave, com uma característica de "infecção generalizada".

O que pode estar acontecendo?

◆ **Falta de comprometimento no atendimento, pois não interferiu para alterar essa realidade danosa aos negócios e permitiu a deterioração do processo até que fosse exteriorizada.**

◆ **Desinteresse ou distanciamento dos líderes (sócios, diretores, presidente, etc.) com relação às questões centrais da organização; a integração entre as áreas é crucial para empresas prestadoras de serviços como uma agência de propaganda.**

◆ **Uma equipe alienada dos destinos dos negócios, tanto do cliente quanto da agência, e preocupada somente com questões corporativistas ou egocêntricas prejudica a solução eficaz dos problemas de negócio dos clientes.**

Só não parta para a atitude extrema da mudança se o histórico com sua agência for muito positivo, caracterizado por contribuições estratégicas importantes e pelo relacionamento pautado pela ética, e se você perceber que essa pode ser uma questão circunstancial, um desvio de rota temporário.

Nesse caso, o melhor é:

- **Falar com a alta direção de sua agência, procurando expor claramente os problemas, sua percepção e suas necessidades. Peça um plano emergencial de trabalho para a solução dos problemas, que deve ser submetido à sua aprovação antes da implementação.**

- **Avaliar também a forma de relacionamento de sua equipe com a agência para saber se parte do problema pode estar na sua equipe. Analise a "senioridade" do relacionamento, os pontos de contato (se são muitos ou se é centralizado), os processos e os níveis de aprovação. Afinal, se o histórico é positivo, o problema pode estar sendo provocado pelo modelo da relação cliente–agência, e não pela qualidade da estrutura e da equipe da agência.**

Não deixe, porém, de considerar a importância do problema da falta de entrosamento entre os departamentos.

Para dramatizar a questão: Você confiaria sua saúde aos produtos de uma indústria farmacêutica em que a área de pesquisa e desenvolvimento não esteja entrosada com a de produção? Compraria um carro novo manufaturado nessas condições e sairia com toda a sua família para viajar nele?

> Você pode ter uma estratégia muito bem estruturada e mal resolvida na manifestação criativa, ou ter um produto criativo magnífico sem conexão com o pensamento estratégico que norteia a solução do problema.

50 Muitas vezes, tenho visto boas campanhas anunciando produtos que fracassaram. Por quê?

Pode parecer um contra-senso, mas a história da propaganda está repleta de boas campanhas que, simplesmente, não funcionaram. Se fizermos uma análise de nossa própria atitude como consumidores, vamos nos lembrar de inúmeros casos em que nos divertimos ou nos emocionamos com campanhas memoráveis, mas nunca compramos o produto anunciado por elas.

Algumas campanhas de empresas que acabaram fechando suas portas fizeram história e são até hoje lembradas como grandes momentos da propaganda.

Essa constatação serve, antes de qualquer coisa, para nos ensinar que campanha boa é campanha que vende.

Não importa o índice de lembrança que possa provocar ou quanto caia no gosto das pessoas, isso de nada serve se, como efeito, o produto anunciado não for bem-sucedido.

Por outro lado, também não significa que, para ter sucesso, uma campanha deva ser chata, desinteressante.

O problema está quando fazer uma propaganda boa passa a ser uma finalidade em si mesma. Nesse processo de busca de um caminho criativo que encante o consumidor, corre-se o risco de perder a consciência do que é preciso fazer acontecer.

Não importa o índice de lembrança que possa provocar ou quanto caia no gosto das pessoas, isso de nada serve se, como efeito, o produto anunciado não for bem-sucedido.

Uma boa maneira de assegurar que uma boa campanha será eficaz é, após assistir a ela, perguntarmo-nos se o consumidor, agora, tem uma boa razão para comprar o produto que está sendo anunciado.

Esqueça conceitos como ser simpático, gerar conhecimento em torno de sua marca, entreter o consumidor, ou qualquer outra generalidade dessa espécie.

Faça o teste das duas perguntas:

- **Fiquei com vontade de ver de novo?**
- **Tenho uma boa razão para comprar esse produto?**

No caso de as duas respostas serem positivas, esse é o nirvana para todo anunciante. No caso de apenas a primeira pergunta receber uma resposta positiva, tenha coragem de jogar tudo fora e começar novamente. Você sempre tem uma segunda chance de fazer uma boa campanha, mas não terá uma segunda oportunidade se o produto fracassar.

VOCÊ ACHA MESMO QUE OS SEUS AMIGOS TE VISITAM SÓ PELA PESSOA QUERIDA, SIMPÁTICA E AMÁVEL QUE VOCÊ É?

Na hora de cozinhar para quem você gosta, você sempre escolhe os melhores ingredientes. Creme de Leite Parmalat, por exemplo.
O único creme de leite feito com Leite Parmalat.
Não é à toa que ele é tão cremoso e faz receitas como esta em questão de minutos.
Nas versões Tradicional, Light e Chantilly.

MOUSSE DE ZABAIONE

Ingredientes:
5 gemas
1/2 xícara (chá) de açúcar
1/4 de xícara (chá) de vinho do Porto
1 caixinha de Creme de Leite Parmalat
200g de chocolate meio-amargo picado em chips

Bata as gemas com o açúcar em banho-maria até obter uma gemada clara e fofinha.

Parmalat

Junte o vinho e o creme de leite aos poucos e alternando um e outro.
Mantenha no banho-maria e continue batendo por mais 6 a 8 minutos.
Depois, retire do fogo e deixe esfriar.
Monte as taças intercalando porções do creme e chips do chocolate.
Agora, é só você levar ao freezer por 20 minutos e pronto: já pode servir.
Todo mundo vai adorar.

Rendimento: 4 taças.
Tempo de preparo: 20 minutos.

Dica: Sirva com calda de frutas.

QUANDO O CREME DE LEITE É FEITO COM LEITE PARMALAT, NINGUÉM RESISTE.

parmalat

Santher

Campanha: "Todo mundo quer um papel assim"

51 O dinheiro investido na marca deve ter o objetivo de construir patrimônio ou de apenas gerar preferência pelo produto?

Se, um dia, a mãe natureza levantasse de mau humor e, enfurecida, somente por capricho, tomasse a decisão de aniquilar sua empresa com um raio que a pulverizasse por completo, você acredita que teria como começar tudo novamente, partindo do zero absoluto?

A Coca-Cola está convicta de que sim.

A direção da Coca-Cola costuma afirmar que, mesmo que todas as suas fábricas ao redor do mundo deixassem de existir e seus escritórios fossem destruídos, ela conquistaria tudo de novo. Para tanto, bastaria ir até um grande banco e levantar bilhões de dólares em crédito, tendo como única garantia o poder da marca Coca-Cola.

Essa é uma dramatização que faz uso da ficção para evidenciar um fato verdadeiro e inquestionável. O maior patrimônio de uma empresa é sua marca.

Não é exagero afirmar que quem possui uma marca forte pode ser extremamente bem-sucedido mesmo não possuindo fábricas, escritórios ou equipes comerciais. A Nike construiu um império no negócio de calçados esportivos sem precisar investir milhões de dólares em fábricas, mas desenvolvendo sua marca.

A marca Xuxa vende milhões de produtos a cada ano e garante à sua dona a posição de uma das celebridades mais bem-sucedidas no mundo. Pelo que se sabe, não existe a fábrica Xuxa.

Ainda temos a tendência de acreditar que patrimônio é apenas aquilo que podemos tocar: o estoque, a máquina, o prédio, os acordos comerciais. É a marca, no entanto, que garante à empresa poder enfrentar as dificuldades de mercado e a oposição da concorrência. Em um mundo onde as capacidades são cada vez mais equivalentes, o fator de diferenciação mais forte entre produtos concorrentes semelhantes é o valor da marca. Quem tem marca forte não só vende mais como, principalmente, pode vender em melhores condições comerciais.

Nós, da Talent, temos nos dedicado a desenvolver tecnologia que nos permita ajudar empresas a construir marcas de valor. Toda a equipe da agência tem aplicado seu talento na direção de fazer com que cada dólar investido por nossos clientes tenha como efeito uma marca com maior poder de atração.

Esse processo exige uma visão estratégica, em que o planejamento, a criação e a mídia trabalhem, tendo como perspectiva buscar resultados duradouros, e não a fosforescência do brilho inconseqüente.

Para nós, essa é uma crença que julgamos ser verdadeira para todas as categorias de anunciantes, não importando se fabricante de sabonete ou equipamento para indústria pesada. Toda empresa precisa de marcas fortes e pode fazer uso desse poder para obter mais sucesso.

Os exemplos estão à nossa volta.

Quem imaginaria que tubos e conexões pudessem ser comprados pelo nome? A Tigre imaginou e transformou isso em realidade. A Gerdau imprimiu sua chancela em vergalhões de aço e fez a diferença.

Se você tem uma empresa, não interessa qual seu segmento, tamanho ou produto, não despreze a importância de investir na construção de sua marca. Os recursos para isso podem ser pequenos, mas devem ser investidos com constância e coerência.

Caso você ainda tenha dúvidas e acredite que o melhor é destinar seus esforços para fazer cada vez melhor seus produtos, é bom lembrar o que aconteceu com os fabricantes de válvulas quando o transistor foi inventado.

Uma nova tecnologia pode matar toda uma indústria, mas nunca matará uma marca de valor.

52 Propaganda de varejo tem de ser ruim para vender?

Nem sempre o que se vê a respeito de varejo é ruim. Algumas redes fazem uma boa propaganda, mesmo tendo de adotar a dinâmica de linguagem do varejo.

De um modo geral, podemos assumir como regra básica que a propaganda será ruim sempre que nos preocuparmos exclusivamente em promover as ofertas. Em contrapartida, serão boas se a preocupação também for estabelecer um relacionamento com o cliente.

Pierre Martineau é autor de um livro brilhante sobre o marketing de varejo, que acabou se tornando uma obra-prima por causa de uma única frase: "*A store is much more than a store*".[4]

Ao afirmar que "uma loja é muito mais do que uma loja", ele elucida por que algumas das organizações de varejo encontram o caminho do sucesso enquanto outras fracassam. Uma loja, além de um espaço ocupado por mercadorias, também oferece uma experiência de relacionamento, possui personalidade e alma.

Quem compra alguma coisa não está em busca apenas de um produto e seus benefícios funcionais, mas também está comprando sensações. A mais importante dessas sensações é de gratificação pessoal, que pode ser segurança na decisão que tomou, modernidade, sabedoria em como administra seu dinheiro, *status*, etc.

Quando compramos um produto, não sabemos ao certo se estamos pagando o melhor preço, se é o produto que melhor responde às nossas necessidades, reúne as melhores qualidades e outras informações essenciais que são quase impossíveis de se obter por conta própria.

---

4 Pierre Martineau, *Motivation in Advertising: Motives that Make People Buy* (Nova York: McGraw-Hill, 1971).

Ao comprar em uma determinada loja na qual confiamos, estamos transferindo a ela a responsabilidade de assegurar que as respostas de que precisamos para nossa decisão sejam previamente obtidas por ela.

Uma loja bem-sucedida, além de preços acessíveis, também oferece valor ao tratar dignamente seus consumidores, ser honesta, crível e gratificar emocionalmente seu público.

A maior organização de varejo, em todo o mundo, quase não faz propaganda com ofertas de produto e preços baixos, contudo as pessoas identificam-se com sua proposta, gerando centenas de bilhões de dólares em vendas a cada ano. A razão é que elas estão comprando muito mais do que bons produtos a preços convenientes.

Quando procuramos conquistar clientes apenas a partir do preço baixo, estamos criando uma relação oportunista com o consumidor, uma relação com a oferta e não com a loja. Nesse caso, ou fazemos novas ofertas a preços cada vez mais baixos, ou veremos nossos clientes migrando para a loja mais próxima. Esse é o caminho mais rápido para a perda de lucratividade, a incapacidade de investimento e para uma propaganda com qualidade cada vez pior.

53 Qual é a diferença entre o marketing contemporâneo e o marketing tradicional?

O chamado "marketing tradicional" trabalha com conceitos e respostas baseados em situações de mercado que já não existem mais.

A globalização mudou as leis que regem a comercialização de produtos pela terceira vez neste século.

A primeira grande mudança foi resultado da industrialização massiva de produtos de consumo. O automóvel é um bom exemplo. A segunda foi a utilização em grande escala, quase simultaneamente, do satélite e do computador. A terceira veio com a globalização e com tudo o que está contido nesse movimento, que envolve desde a padronização de valores, o imediatismo no acesso à informação, a exposição de pessoas ao redor de todo o mundo às mesmas propostas de produtos, etc.

A globalização colocou o mundo todo em uma mesma dimensão de tempo, fazendo com que, pela primeira vez na história, toda a humanidade fosse influenciada pelos mesmos fatos e acontecimentos em um só momento.

A realidade mudou, e, portanto, as leis que regiam o mercado passaram a ser outras.

Todas as respostas que aprendemos no passado, os livros sobre gestão e as convicções que adquirimos nos bancos da universidade estão sob questionamento.

Esse aprendizado já não nos serve mais como servia antes, porque agora as perguntas são outras.

O perigo a que o marketing tradicional nos leva é o de confiar em fórmulas que não têm mais o mesmo efeito, porque partem de princípios que têm o prazo de validade vencido.

A multiplicação de opções de marcas, a concentração dos canais de distribuição e a democratização de tecnologias são apenas alguns dos fatos dessa nova realidade na qual estamos todos inseridos.

Nesse contexto, como as marcas que lideram o mercado devem atuar para manter sua posição?

O que as novas marcas que estão entrando no mercado devem fazer para obter sucesso?

Não é possível acreditar que as fórmulas utilizadas há dez anos continuem eficazes ainda hoje.

A diferença do marketing contemporâneo para o tradicional é que o marketing moderno parte do pressuposto de que é preciso desaprender para encontrar a resposta, enquanto, na mão inversa, o marketing tradicional se apóia nas respostas que foram verdades no passado.

54 Tenho uma pequena empresa. Devo investir em propaganda e crescer por meio dos resultados, ou aguardar o crescimento e, a partir daí, investir em marketing?

A grande maioria das empresas que são hoje referência de sucesso em todo o mundo praticou o marketing desde seu primeiro dia de atividade. Marketing não tem nada que ver com o tamanho da empresa, mas com a cabeça do empresário.

O que estamos querendo dizer é que, mais do que recursos financeiros, a empresa precisa ter uma visão focada no mercado e no consumidor. Essas são condições sem as quais a empresa nunca terá um marketing eficaz, mesmo tendo grandes orçamentos.

O marketing é uma questão de crença, de espírito da organização. Algumas empresas praticam um excelente marketing sem nem mesmo saber que o estão fazendo.

Essa prática está expressa na escolha do nome, na preocupação com o desenho da marca, em pensar nos produtos como se fossem o consumidor, em vivenciar os canais de distribuição, e muitas outras atitudes que, no seu conjunto, revestem a organização de uma aura que atrai colaboradores e consumidores.

Existem empresas que têm uma vocação natural para gerar fatos em torno de si mesmas, de sua marca e de seus produtos. São empresas que, de forma consciente ou inconsciente, descobriram que é possível gerar atenção espontânea em torno de si sem a necessidade de grandes investimentos em mídia.

Não se deixe influenciar pela quantidade de recursos de que você dispõe para praticar o marketing em sua empresa. Esse não é um limitante. Um dia, marcas como Coca-Cola, Nike e Microsoft já foram tão pequenas ou menores do que seu negócio é hoje.

55 Um banner é apenas a porta de entrada para um esforço maior de comunicação, como um hotsite, loja virtual ou site corporativo, ou tem papel de branding também?

Qualquer esforço de comunicação tem um papel de branding, senão por que investir milhões em placas de estádio, camisetas de atletas ou protetores de árvores nas calçadas? O mesmo ocorre na internet, e, por essa razão, a estratégia de comunicação digital precisa decorrer da estratégia geral de comunicação da marca.

Na internet, todavia, há um complicador: visto que o banner pode ser, ao mesmo tempo, um esforço de branding e a porta de entrada para uma peça maior, seja ela um hotsite do produto ou o próprio site corporativo da companhia, se, após o clique, o navegante não for bem impactado, esse efeito poderá prejudicar a imagem da marca.

O internauta que, após clicar um banner de refrigerante, for jogado no site corporativo da companhia, cheio de informações para acionistas e com toda a história (sempre chata) da empresa, não será atendido em sua expectativa de receber informação ou serviços de lazer, por exemplo, e ficará insatisfeito com a marca. Da mesma maneira, outro internauta que clicar o nome da companhia em um relatório de ações de um site financeiro e for jogado em um hotsite promocional da marca de refrigerante ficará desapontado com a companhia.

Banco Real

Lojas Americanas

56 Qual o produto mais difícil de se fazer propaganda?

A resposta é: um produto sem brilho. E o que é um produto sem brilho? É aquele que traz pouco ou nenhum benefício para o consumidor.

Ter uma vantagem singular para propor a seu público, para que ele compre sua marca em lugar de outra, é a essência desse jogo chamado "propaganda".

Na verdade, o consumidor não compra produtos, compra vantagens, um valor percebido naquilo que está sendo oferecido e que não é possível de ser encontrado em outros produtos concorrentes.

O diferencial pode ser inerente ao produto, como, por exemplo, o design de um automóvel ou agregado a ele como uma marca que confere *status* a quem se associa a ela. Ou ainda, uma combinação dos dois.

O difícil é fazer propaganda que gere preferência quando o produto ou o serviço é exatamente igual ao da concorrência em termos de características ou preço.

Casos típicos são os bancos e as marcas de cerveja, em que o produto, em si, pouco oferece de singularidade. Nesses casos, realmente, o grau de dificuldade para fazer propaganda que funcione aumenta drasticamente. Talvez por essa razão as posições de participação de mercado se alterem tão pouco.

Nem sempre a propaganda é remédio para todas as necessidades. Ter um produto que traga algum benefício real para o consumidor ajuda muito.

57 Como garantir que meu planejamento de marketing dê bons resultados?

A primeira providência para desenvolver um plano de marketing eficaz é definir, para você, qual a finalidade do plano.

Experimente perguntar-se: "Estou fazendo esse plano para que aconteça o quê?".

Embora possa parecer óbvio, muitos profissionais acabam perdendo de vista que a finalidade não é fazer o plano.

Um plano de marketing, em essência, é a proposição organizada de ações que deverão provocar algum fato relevante quando colocadas em prática. Se não for para fazer acontecer algo importante para as estratégias de negócio da empresa, qualquer plano será, literalmente, uma inutilidade na forma de folhas de papel com capa dura ou no formato de um disquete de computador.

Outra providência fundamental é deixar de lado sua erudição. O valor de um plano de marketing não se mede pelo grau de conhecimento do negócio demonstrado por quem o escreveu. O valor de um plano é conseqüência da qualidade de análise das informações, dos diagnósticos derivados dessa análise e da eficácia do conjunto de ações para atingir seus objetivos.

Abarrotar o trabalho com gráficos, tabelas e citações apenas serve para dispersar a atenção do que o plano realmente traz de proposta útil para o negócio.

Providência tão necessária quanto as demais é desenvolver um plano de marketing compatível com as realidades da empresa e as condições do mercado no qual será implementado.

Um plano que não leva em consideração as características culturais da organização e os limites dos seus recursos com toda certeza se transformará rapidamente numa peça de ficção, motivo de descrédito para todos os que tiverem acesso a ele.

O plano de marketing ideal não é aquele que se propõe a desenvolver a estratégia mais sofisticada e brilhante, mas aquele que a empresa pode executar de maneira fiel e eficaz e que tem correspondência com o contexto do mercado em que atua.

Como última recomendação, desenvolva um plano que lhe permita ser coerente com sua finalidade, mas que respeite a dinâmica da vida. As situações de mercado e a própria empresa estão em constante mudança, e isso exige uma atitude flexível na implementação do plano. Nenhum plano engessado na sua execução resiste às alterações da ecologia na qual a empresa está colocada.

58 O que é mais importante no varejo: a imagem da loja ou a oferta de produtos?

Nossa experiência tem demonstrado que, no varejo, a imagem da loja e a oferta de produtos são coisas orgânicas, de igual importância e complementares.

Quando alguém sai para comprar um determinado produto já tem na cabeça algumas lojas que considera como os melhores lugares para realizar a compra.

Esse processo de pré-escolha é o que chamamos de "*first think*", que significa que, se sua loja não estiver entre as opções previamente consideradas, você já está fora do jogo antes mesmo de ele começar.

Nesse primeiro momento, é a imagem que o consumidor tem da loja que acaba prevalecendo e determinando se ela irá ou não fazer parte das opções consideradas.

Uma loja é mais do que um espaço de venda e seu estoque de produtos; ela possui uma aura agregada, que faz com que o cliente se relacione com ela, e não com os produtos que comercializa.

Quanto mais forte essa aura, maior o grau de identificação e preferência. Por outro lado, se a imagem da loja é a responsável por gerar o vínculo, a oferta de produtos é o instrumento para gerar excitação na relação.

Temos defendido o binômio "identificação com a marca-desejo pelo produto" como a fórmula mais eficaz de ativar as vendas e criar relacionamento.

Uma loja é mais do que um espaço de venda e seu estoque de produtos; ela possui uma aura agregada, que faz com que o cliente se relacione com ela, e não com os produtos que comercializa.

É indispensável, no varejo, promover produtos, fazer ofertas, criar o senso de urgência no consumidor em ir à loja. Sem o valor percebido na imagem da loja, porém, a simples oferta de produtos gera uma atitude oportunista nos consumidores, transformando-os em clientes "*cherry pickers*", colhedores de cereja que só compram ofertas uma a uma.

Investir na imagem da loja é essencial para manter o hábito continuado de compra, aumentar o valor médio do ticket e fidelizar o cliente.

Procurar o sucesso da loja com base apenas na oferta de produtos é um anabolizante poderoso, mas que pode ter efeitos colaterais de alto risco para a saúde do negócio.

59

Visto que a verba publicitária não cresce na mesma proporção dos aumentos dos custos de mídia e que a diversidade de ações para atingir os objetivos é cada vez maior, como estabelecer uma peneira de prioridades de mídia?

Devemos sempre ter em mente os objetivos de comunicação traçados pelo cliente. De posse desses dados, devemos começar a trabalhar. Pode-se dividir o trabalho em duas fases distintas, mas complementares.

A primeira fase se dedica a levantamento de informações para gerar conhecimento e subsídios para análises, ou seja, a parte técnica.

Cada vez mais, as pesquisas de mídia disponíveis apresentam dados muito mais detalhados e importantes, permitindo ao profissional uma avaliação mais criteriosa do caminho a ser seguido. Progressivamente, também, as ferramentas de planejamento se aprimoram, oferecendo um cardápio de instrumentos de avaliação e previsão que tornam o planejamento uma "ciência" mais exata.

Dessa forma, o planejamento passa a apresentar estratégias bastante elaboradas, pois os instrumentos disponíveis estão melhores e permitem que o "achismo" de ontem perca lugar para o "eu posso afirmar" de hoje.

Esse raciocínio sempre deve ser esperado por qualquer cliente que procura uma boa agência. A técnica já faz parte dos profissionais.

A segunda parte do trabalho, entretanto, é a que merece mais atenção: a sintonia fina.

Fica muito simplificada uma defesa estritamente técnica. Faltará sempre o lado mais subjetivo, o da sensibilidade do responsável pela estratégia que pode mudar uma situação. Em alguns casos, e não são poucos, uma avaliação feita somente pela técnica trará uma resposta correta, mas sem brilho.

O bom senso, aliado ao profundo conhecimento do profissional em relação aos objetivos do cliente, pode fazer uma grande diferença.

É bem possível que a descoberta de um mix de meios nem sempre seja totalmente defendida pelas pesquisas, mas pode conter um diferencial fundamental para o sucesso de uma campanha.

A seleção ideal dos meios deve ser feita pela razão e pela emoção.

Este, sim, é o grande mix de mídia.

60 Qual deve ser o critério principal na escolha de uma agência?

Existe um preceito em administração de empresas chamado "equalização de competências". Esse conceito defende que é preciso ser competente em todas as áreas vitais do negócio para ser eficaz na sua atuação. Ou seja, mesmo que a empresa seja brilhante em um quesito, ela não será bem-sucedida se não tiver uma boa *performance* em outras áreas importantes no desempenho da sua atividade. Esse preceito se aplica perfeitamente a uma agência de propaganda.

Quando um anunciante escolhe uma agência tendo como base uma única qualidade dominante, como criação ou planejamento, ou ainda tamanho ou custo baixo, o risco de não conseguir a *performance* desejada é bastante grande.

Em alguns casos, o anunciante pode considerar que está pagando muito para sua agência e que poderia economizar trocando por outra mais barata.

Em outras situações, imagina poder obter campanhas memoráveis, optando por uma agência de alto poder criativo.

Tomar a decisão de escolher uma agência a partir desse tipo de análise é um jogo muito arriscado e caro, uma vez que aquela qualidade específica pode se perder, pela falta de outras competências de igual importância.

Outro erro freqüente na escolha de uma agência é deixar envolver-se pelo fascínio do poder.

Não é incomum que a importância da agência ou do seu principal executivo acabe por condicionar a percepção do anunciante. O fato de uma agência ser importante não irá, necessariamente, tornar os produtos e as marcas que anuncia importantes também.

Da mesma maneira que uma agência grande não implica que, no dia-a-dia, a estrutura será aquela de que o anunciante precisa para atingir seus objetivos, no lado oposto, uma agência pequena não assegura qualidade de atendimento nem envolvimento pessoal.

Ao buscar uma boa agência, é preciso privilegiar o talento da equipe, identificando o conjunto que melhor responde às necessidades, e não apenas o valor individual de um profissional ou de uma área da agência.

A experiência mostra que os melhores resultados são gerados por agências que têm respostas igualmente boas em três áreas: planejamento, criação e capacidade de operação.

É o somatório dessas três qualidades que assegura que o produto final corresponderá à expectativa e aos investimentos realizados.

Usando uma figura, uma agência deve ser equilibrada como uma cadeira que tem todas as pernas do mesmo tamanho; se uma das pernas for desigual, quem estiver em cima da cadeira certamente acabará no chão.

Finalmente, é uma providência indispensável conhecer as pessoas que fazem parte da equipe e que trabalharão com sua conta. Esteja certo de que existe compatibilidade de pele entre sua empresa e a agência.

Imagine-se como se você fizesse parte da equipe da agência. Se você não se sentir bem, parta para outra escolha, pois um trabalho sério de comunicação precisa ter continuidade, e você, talvez, tenha de conviver durante muito tempo com as pessoas dessa equipe.

61 Se meu cliente escolhe o produto na loja, por que investir em propaganda e não concentrar esforços apenas no PDV?

Há um grande erro em acreditar que o consumidor toma sua decisão de compra no PDV. Todas as pesquisas realizadas, inclusive por institutos internacionais especializados no comportamento do consumidor no PDV, evidenciam que as pessoas, ao chegar à loja, já têm suas marcas de preferência definidas e, muito freqüentemente, levam para casa essas marcas.

Foi comprovado, por métodos científicos, que o comportamento do consumidor no PDV é determinado pelo juízo que ele já formou, antes mesmo de chegar lá, a respeito de cada marca presente no seu universo de referência.

Um desses estudos constatou que o tempo médio que uma pessoa gasta para fazer a compra de supermercado, desde o momento em que chega ao estacionamento até o momento em que passa pelo caixa, é de setenta minutos.[5]

Sabendo que a compra média do mês envolve aproximadamente quarenta itens, descontando-se o tempo de passar pelo caixa, fazer o pagamento e empacotar os itens, chega-se à conclusão de que o tempo médio para cada decisão de compra demanda, no máximo, um minuto. Ainda de acordo com esse estudo, a velocidade do olho do consumidor, ao percorrer uma gôndola, é de 100 quilômetros por hora.

A verdade é que somente podemos realizar uma tarefa tão complexa, como a compra do mês no supermercado, num tempo tão exíguo, porque já estabelecemos previamente nossas marcas de preferência e assim tendemos a direcionar nossa escolha.

---

5 *Estudo do comportamento do consumidor brasileiro no PDV*, realizado pela seção brasileira da Point of Purchase Advertising International (Popai), em 1998.

Esses são fatos indiscutíveis, são constatações reais do comportamento de compra de um consumidor que tem cada vez menos tempo no seu dia-a-dia para realizar um número cada vez maior de tarefas.

Investir em propaganda com o objetivo de dar às pessoas razões de preferência pelo seu produto e por sua marca é fornecer a elas condições de simplificar sua vida, permitindo realizar suas escolhas muito antes do ato da compra.

62

Em minha agência, o atendimento é que planeja as campanhas, e isso me deixa inseguro, pois o profissional de atendimento nem sempre é um estrategista. Devo mudar de agência?

Não. Só mude se não estiver obtendo soluções concretas para os problemas de negócios que a agência se propôs a enfrentar.

A questão dos departamentos é uma questão mais acadêmica do que pragmática.

Sem dúvida, a adição de um profissional de planejamento estratégico na equipe da agência é a garantia de uma resposta ainda mais rica aos seus problemas. Não quer dizer que, de forma maniqueísta, o atendimento planejando seja ruim e que o planejamento atuando seja a garantia da solução correta.

A crescente diversidade de fatores e de opções de ataque a um mesmo problema, que caracteriza o mundo dos negócios, valoriza a capacidade de atuação coletiva que as agências sempre tiveram.

Cada vez mais, os projetos bem-sucedidos são resultado da variedade de talentos e da multiplicidade de conhecimentos. Essa é a resposta de uma agência que coloca em prática sua vocação multidisciplinar, que é genética.

Desconfie das agências que atuam de maneira compartimentada, com muitos processos de controle, pois isso tende a neutralizar a vivacidade preciosa do pensamento coletivo.

Cada vez mais, os projetos bem-sucedidos são resultado da variedade de talentos e da multiplicidade de conhecimentos. Essa é a resposta de uma agência que coloca em prática sua vocação multidisciplinar, que é genética.

Nas décadas de 1980 e 1990, vivemos uma era de grande valorização dos processos como meios seguros de chegar a resultados. Essa lógica passa a ter a preponderância do resultado sobre o processo.

Se o resultado é bom, o processo idem. E não mais o inverso, que acabou gerando muitos resultados medíocres.

Portanto, se o profissional é de qualidade e está agregando valor à condução de seu negócio, com resultados positivos comprovados, não importa se é de atendimento ou de planejamento. O que importa é o resultado.

63 Como faço para determinar a verba de propaganda de cada produto?

Há vários sistemas, clássicos ou inovadores. Pode-se estabelecer um percentual sobre o volume de vendas projetado, variando entre 0,8% e 1,2% do faturamento – no caso de produtos de alto preço, grande volume de vendas e baixa margem, como os automóveis – e 30% ou mais, no caso de produtos com alta margem, de lucro, como perfumes, cosméticos, grifes de moda e algumas outras categorias.

Um outro método, chamado "*share of voice*" ou Lei de Nielsen, propõe que a verba a ser aplicada represente, em relação à soma de todas as verbas aplicadas pelo segmento, o mesmo percentual da participação de mercado que se quer conquistar. Se, por exemplo, o investimento em propaganda de todas as marcas somadas de um tipo de produto foi de 15 milhões de reais, quem possuir 10% do mercado desse produto deverá aplicar verba equivalente a 10% desse total, ou seja, 1,5 milhão de reais.

Outro sistema é denominado "*pay as you go*". Quando se usa esse método, as verbas de propaganda só são alocadas a partir do momento em que o produto começa a vender e gerar receita; determina-se, então, um percentual aplicado em função do faturamento do produto.

Para finalizar, existe o método que nos parece o mais eficaz, que é o de, primeiro, determinar a tarefa a ser desenvolvida pela comunicação: monta-se a melhor estratégia, procura-se a forma mais eficaz de desenvolver a ação, determina-se o custo e estabelece-se o investimento.

Qualquer que seja o método escolhido, é indispensável que a proposta resultante passe pelo crivo de algo muito elogiado, mas às vezes esquecido: a finalidade de estabelecer verbas não é gastar dinheiro e, sim, produzir resultados. Por isso é indispensável definir claramente, e antes de tudo, o que esse investimento deverá produzir.

64 O que não devo fazer, como cliente, para não roubar o estímulo de minha agência?

Jeremy Bullmore apresenta, em seu livro *Behind the Scenes in Advertising*, as "Dez formas testadas e aprovadas de obter o pior de sua agência de propaganda". Veja-as a seguir e não faça nada disso!

1. Deixe sua agência saber que você tem visitado outras agências "para estar sempre em contato com o mercado".

2. Deixe sua agência no escuro. Afinal, do que você precisa "é de uns anúncios e só, a agência não precisa saber de coisas irrelevantes, como números de vendas, dados de pesquisa, informações sobre a concorrência, etc.".

3. Empregue pelo menos um profissional júnior no contato com a agência, pois ele vai fazer bastante fofoca sobre seus chefes, seus hábitos pessoais, sua rivalidade interna, o que realmente pensam sobre a agência, etc.

4. Fale coisas diferentes a diferentes profissionais e ainda reforce dizendo que você desconfia de propaganda premiada – enquanto expressa desapontamento pelo fato de as campanhas para sua conta nunca ganharem um único prêmio.

5. Nunca apresente a verdade por escrito.

6. Nunca admita que cometeu um erro, pois "a agência é que não entende nunca o que você diz".

7. Mude seu contato com a agência pelo menos uma vez por ano.

8. Demonstre completa despreocupação (e, se possível, até mesmo descaso) sobre a lucratividade e a rentabilidade de sua agência.

9. Estabeleça um sistema extremamente complexo de avaliação.

10. Nunca agradeça por nada e faça a agência ansiar por elogios.[6]

---

6 Jeremy Bullmore, Behind the Scenes in Advertising, trad. dos autores (Londres: Admap, 1998).

65 Que sentido a internet e a propaganda terão no futuro?

A internet terá, com o tempo, um sentido maior que o atual: será sinônimo de instantaneidade, interatividade e conectividade. Até mesmo invenções aparentemente não relacionadas com a internet terão esses atributos no futuro. O e-paper é um bom exemplo: trata-se de um papel que pode ter sua imagem modificada eletronicamente. Com ele, é possível criar um livro que, com um comando, muda o conteúdo de suas páginas. Também possibilita a criação de um outdoor que muda sua mensagem quando uma pessoa passa por ele e de uma roupa cujo padrão visual se altera conforme o sofá em que a pessoa está sentada. Estaremos transformando o mundo inanimado em um mundo interativo, capaz de responder instantaneamente. As possibilidades de comunicação com o indivíduo serão imensas: o inanimado parecerá inteligente e poderá comunicar-se com as pessoas. Como a propaganda se comportará então? Ela deverá estar embebida em toda essa comunicação e possuir também um papel social.

66

Por que empresas dos mais variados setores têm procurado associar temas como ecologia, vida saudável e respeito social ou pela pessoa humana às suas marcas?

As práticas de responsabilidade social têm sido incorporadas pelas empresas com a crescente conscientização quanto ao exercício da cidadania como pilar básico de sustentação e elemento vital de continuidade da nossa sociedade.

A prática da cidadania é assumida com maior intensidade e seriedade pelas pessoas jurídicas, no mesmo processo evolutivo que atinge até mesmo as pessoas físicas.

Como as empresas são formadas por essas pessoas, a conscientização do indivíduo acaba por afetar a consciência coletiva empresarial, fazendo com que as empresas assumam essas práticas.

As atitudes de cunho social e de valorização do ser humano estão sendo assumidas – com distintos graus de intensidade – pela sociedade civil, em todas as partes do mundo, diante da flagrante incapacidade da administração pública em solucionar os sérios problemas sociais que todos os países enfrentam.

Essas ações já atingiram um estágio de desenvolvimento em que deixam de ser vistas de forma simplista, de ter a dimensão única da técnica de marketing em prol da diferenciação de uma marca ou de um serviço, para habitar o mundo das atitudes corporativas básicas, o mundo das premissas que podem credenciar ou não uma empresa a participar do jogo dos negócios.

Todas as manifestações de uma empresa no seu relacionamento com o mercado devem gerar valor para emprestar sentido à sua existência.

As ações de responsabilidade social geram o valor que garante a sustentabilidade do próprio negócio. Essa afirmação encontra respaldo na colocação de Fábio Barbosa, presidente do Banco Real ABN-AMRO: "Não é possível ir bem quando o país vai mal".

A crescente convivência com valores éticos, de justiça e de respeito ao próximo faz com que, naturalmente, o grau de tolerância das pessoas fique muito mais crítico com produtos e serviços de empresas que sejam socialmente irresponsáveis.

É importante registrar que o processo de conscientização é potencializado pela crescente restrição econômica para as empresas que são "seguidoras tardias" dessas práticas.

O que isso significa?

É cada vez mais comum a inclusão de critérios de responsabilidade social e ambiental como parte das avaliações para o credenciamento em relacionamentos comerciais "*business-to-business*" mundialmente.

Em muitos casos, em várias partes do mundo, empresas sem a certificação ISO 14000 (de responsabilidade ambiental) não podem sequer participar de licitações ou concorrências para a venda de seus produtos e serviços.

Portanto, é a pressão econômica a favor do social.

67 Em que grau a pesquisa é realmente importante para se fazer boa propaganda?

Em comunicação, há uma premissa que diz: "um determinado apelo será sempre mais mobilizador à medida que contiver alguma verdade que já esteja dentro da cabeça das pessoas, ou seja, algo em que elas acreditem".

Para isso, o instrumento disponível para identificar as diferentes visões e verdades existentes é a pesquisa de mercado.

Por mais que o profissional de criação seja uma pessoa antenada, é humanamente impossível ser tão eclético a ponto de compreender todo o universo de expectativas e valores de todos os públicos para os quais se está criando. O risco de não ter informação é fazer algo que seja autocentrado e, portanto, desconectado do consumidor.

Um bom exemplo disso é o desafio de estabelecer uma comunicação eficiente com o público jovem.

Diferentemente do que muitos executivos pensam em seus escritórios, o jovem não é apenas um adulto com menos idade. Ele é um animal diferente, que está mais atento do que qualquer outro público aos sinais de conteúdo e forma emitidos por produtos ou marcas no sentido de pertencerem ao grupo. Se não for o caso, o descarte é imediato.

O esforço de comunicação das Forças Armadas Brasileiras, direcionado para o jovem em idade de alistamento, é um exemplo claro da não-consideração desse preceito. E isso não é pelo assunto em si, mesmo porque existem exemplos bem-sucedidos de ações de comunicação desse mesmo assunto, em outros países, que respeitaram as características do seu público-alvo.

A Coca-Cola, ao contrário, apesar de ser uma empresa centenária, fez sua comunicação, ao longo das últimas décadas, de uma maneira extremamente jovem. E isso não se deve à idade de seus dirigentes ou das equipes que compõem suas agências pelo mundo, e sim pelo conhecimento científico obtido por meio de pesquisas do universo jovem.

68 Quando peço alterações em anúncios que minha agência cria, ela freqüentemente resiste. Isso é arrogância, teimosia ou o quê?

Se você trabalha com uma agência séria e profissional, muito provavelmente a resistência que você identifica é, na verdade, convicção no trabalho que foi desenvolvido.

Pense bem se não é o caso de desconfiar quando a agência se apressa em obedecer a todas as suas sugestões, sem nenhuma consideração na defesa daquilo que foi feito. Se aquele trabalho foi desenvolvido com consistência, não faz sentido algum mudar tudo em segundos, simplesmente porque o cliente assim está pedindo.

A obediência irrestrita é um sintoma perigoso, indica uma fragilidade na agência, seja na seriedade com que desenvolve seu trabalho, seja na preocupação sincera em fazer aquilo que é realmente o melhor para o cliente.

Ter convicção, acreditar no trabalho que desenvolveu, não quer dizer que a agência deva ser irredutível. Existe uma grande diferença entre a agência surda, que se nega a escutar as considerações do cliente, mesmo quando acertadas, e aquela que sabe escutar e aceita mudanças quando pertinentes.

Uma relação produtiva é aquela em que as partes envolvidas se respeitam e se tratam como iguais. O que deve prevalecer é o bom senso e a verdade, independentemente de onde venham.

69 Vale a pena desenvolver estratégias de negócios com foco nas classes de baixo poder aquisitivo? Justifica ter um modelo de operação focado no mercado popular?

Imagine um país com 126 milhões de habitantes formando um mercado consumidor capaz de movimentar 300 bilhões de dólares por ano. Considere que esses consumidores têm como intenção comprar refrigeradores, televisores, fornos de microondas, material de construção e muitos outros bens nos próximos seis meses.

Agora, melhor do que tudo, pense que seus concorrentes ainda não descobriram o potencial desse país, dão pouca importância a esse mercado e destinam uma pequena atenção a seus consumidores.

Se isso tudo se parece com o paraíso para qualquer empresa, a boa notícia é que o país com esse mercado exuberante existe e está bem aqui debaixo do nosso nariz. Chama-se Brasil.

Na verdade, estamos falando do que, contraditoriamente, convencionou-se chamar de classes de "menor" poder aquisitivo, as populações C, D e E, que representam 76% de todo o povo brasileiro.

A visão de que esse enorme contingente, maior do que todos os habitantes da França e da Inglaterra somados, está à margem do mercado de consumo precisa ser corrigida urgentemente. Essa população consome, consome muito, e não apenas os produtos básicos.

> **Por que preço acessível precisa ser confundido com produto ruim, feio, malfeito? Desde quando popular deve ser a versão depenada do produto *premium*?**

Não é difícil chegar à compreensão do potencial que uma massa de pessoas como essa, mesmo com uma pequena renda mensal, pode significar em recursos destinados ao consumo quando somada. Basta um pequeno exercício para demonstrar seu poder multiplicador: um aumento, aparentemente indiferente, de 10 reais na renda pode representar mais de 8 bilhões de reais circulando no mercado. Esse fenômeno cumulativo também é responsável pelo efeito da renda familiar.

Enquanto nas classes de maior poder aquisitivo a tendência é de dispersão dos integrantes da família e constituição de novos lares, nas populações C, D e E, o comportamento é gregário. O mais comum nesse segmento da população é os membros da família se manterem unidos. Mesmo após o casamento, permanecem morando em uma mesma casa, cada um com seu emprego e salário, porém, todos contribuindo com o orçamento doméstico e as despesas.

Em razão desse fenômeno, no caso dessas classes, o conceito de renda individual não se aplica, mas, sim, o de renda familiar. É o efeito da renda familiar que explica os números da classe C responsáveis por nada menos que 43% do consumo de leites fermentados, 43% de *petit-suisse*, 38% de maionese e 31% de cereais matinais. Esses números podem parecer improváveis, mas essa é a realidade.[7]

Mesmo com sua representatividade e capacidade de consumo, no entanto, esse mercado continua invisível para a grande maioria das empresas. Nas estratégias de negócios, nos departamentos de desenvolvimento de produtos e nos planos de marketing, as classes C, D e E são tratadas de forma periférica.

Ao mesmo tempo que miramos o topo da pirâmide, destinando cada vez mais esforços para atingir o mesmo consumidor que todas as outras empresas querem conquistar, a base da população brasileira é desconsiderada.

Na comunicação, o fato se repete, inventamos um povo brasileiro que só existe na mídia, desenvolvemos campanhas pretensiosas em que atores fazem coisas que a grande maioria das pessoas jamais fará, ao som de trilhas lembrando gêneros como o *jazz*, quando os gêneros de maior vendagem são axé, pagode e sertanejo.

---

7 *Classe C: a visão do painel de consumidores*, estudo realizado por Ibope LatinPanel/Ibope, 2003.

É preciso deixar o preconceito de lado e abrir os olhos para o Brasil que existe dentro do Brasil. É só verificar as prateleiras nas lojas, as gôndolas nos supermercados e analisar o repertório de produtos. Poderemos identificar claramente dois grupos distintos: o primeiro, constituído por opções de qualidade e custo elevado, e o segundo, representado pelas opções de custo acessível, mas destituídas de valor.

Por que preço acessível precisa ser confundido com produto ruim, feio, malfeito? Desde quando popular deve ser a versão depenada do produto *premium*?

As pessoas não se satisfazem apenas com produtos e serviços que podem comprar, mas, principalmente, com produtos e serviços que desejam ter.

Temos de redescobrir o Brasil e entender que o sucesso dos planos de nossas empresas passa pelo poder multiplicador de consumo do seu povo. Não é difícil nem tampouco significa a necessidade de mais investimento; é apenas uma questão de releitura da importância que as classes C, D e E representam.

Aqueles que se prepararem para entender a cultura desse segmento de mercado, suas carências e seus hábitos de consumo terão adquirido um importante diferencial, difícil de ser duplicado.

Quanto mais cedo o aprendizado, maiores serão os ganhos. Não é uma questão de opção, mas uma tarefa compulsória. Ou será que podemos abrir mão de ter como consumidor um dos maiores mercados do mundo?

70 Minha empresa cresceu significativamente, mas, por outro lado, estamos tendo menos resultado hoje do que quando éramos menores. Existe uma lei de mercado que explique esse tipo de fenômeno?

A estabilidade da economia nacional, o tamanho do mercado brasileiro, os investimentos externos que o país vem recebendo, sua posição estratégica no continente e outros fatos positivos resultam em um ambiente francamente favorável ao desenvolvimento das empresas e a seu crescimento. As maiores empresas que operam no Brasil evidenciam que os números estão ficando altos.

Hoje, existem 62 empresas em nosso mercado com receita superior a 1 bilhão de dólares por ano e 156 com receita que ultrapassa 500 milhões de dólares por ano.[8]

Essa realidade está gerando a necessidade de as empresas repensarem seu modelo. O crescimento acelerado está fazendo surgir empresas com tamanho e complexidade com os quais o mercado não estava acostumado. Nem sempre, porém, o crescimento é bom. A história empresarial está repleta de empresas para as quais o crescimento representou o fracasso. Essas empresas entenderam que as demandas do crescimento se dão apenas no âmbito quantitativo, e não no comportamento da organização.

Empresas assemelham-se a pessoas, que, ao crescer, precisam adotar novos comportamentos, hábitos e atitudes. Como a criança que se transforma em adolescente e depois em adulto precisa abandonar determinadas condutas para assumir outras, também as empresas crescem e precisam assumir novos comportamentos.

8 *Exame, Melhores e Maiores*, São Paulo, julho de 2003.

Em uma realidade mais competitiva, as empresas de maior sucesso não são as que fazem mais as mesmas coisas, mas aquelas que entendem a necessidade de adotar novos procedimentos.

A Talent tem procurado fazer uso desse princípio na gestão de seu negócio e nas contribuições que agrega a seus clientes. É essa atitude que tem mantido a agência viva e em constante estado de renovação e inquietude, como no seu primeiro dia de existência, mesmo duas décadas depois de sua criação.

União
TALENT
Coma doce
na segunda-feira
sem quebrar a
promessa que você
fez no domingo.
Chegou União Light.
Faz receitas com até metade
das calorias.
UNIÃO
light
ideal para receitas de forno e fogão
50%
MENOS CALORIAS
PESO LÍQUIDO 1kg

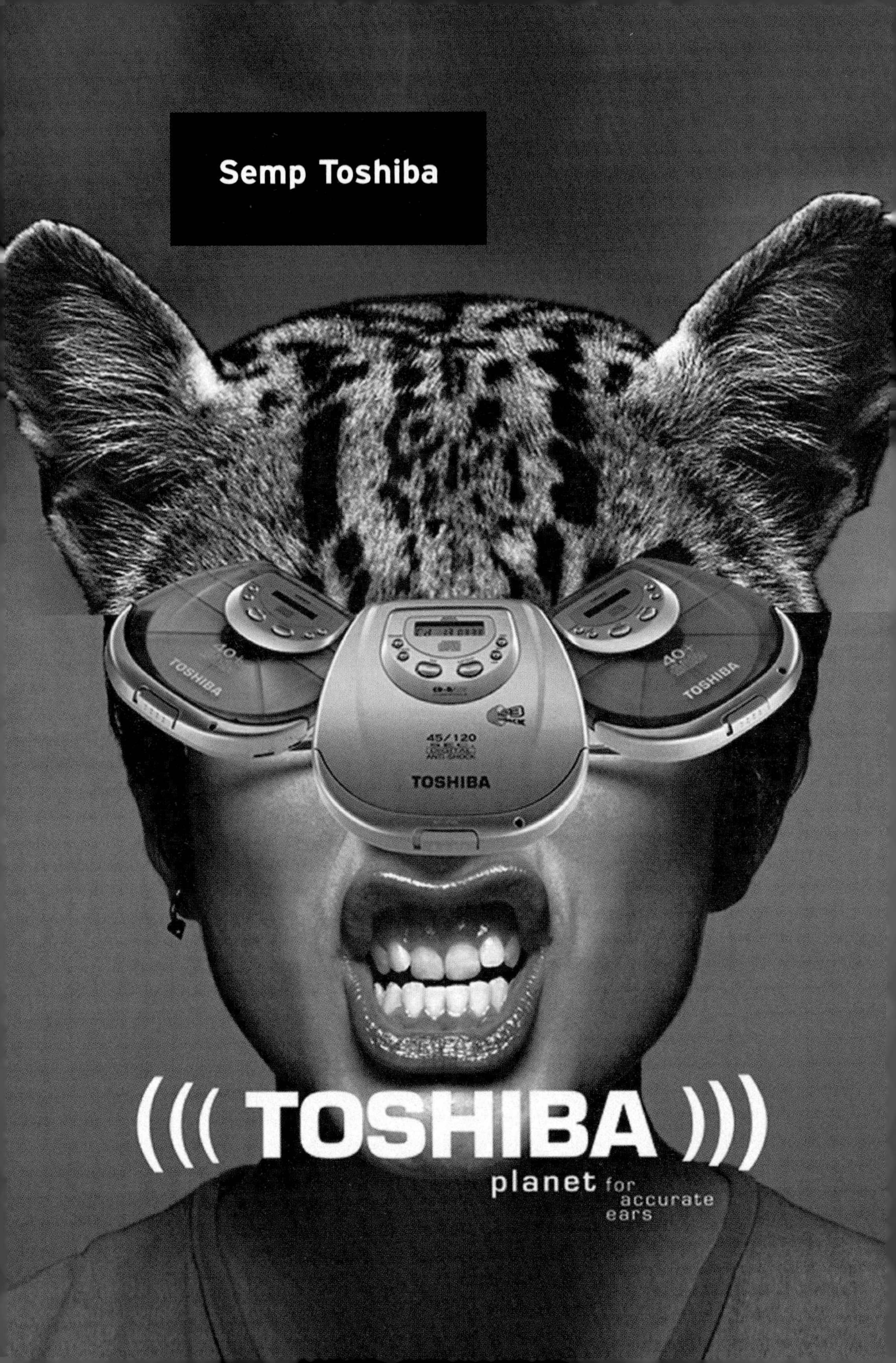
Semp Toshiba
TOSHIBA
45/120
TOSHIBA
TOSHIBA
(((TOSHIBA)))
planet for accurate ears

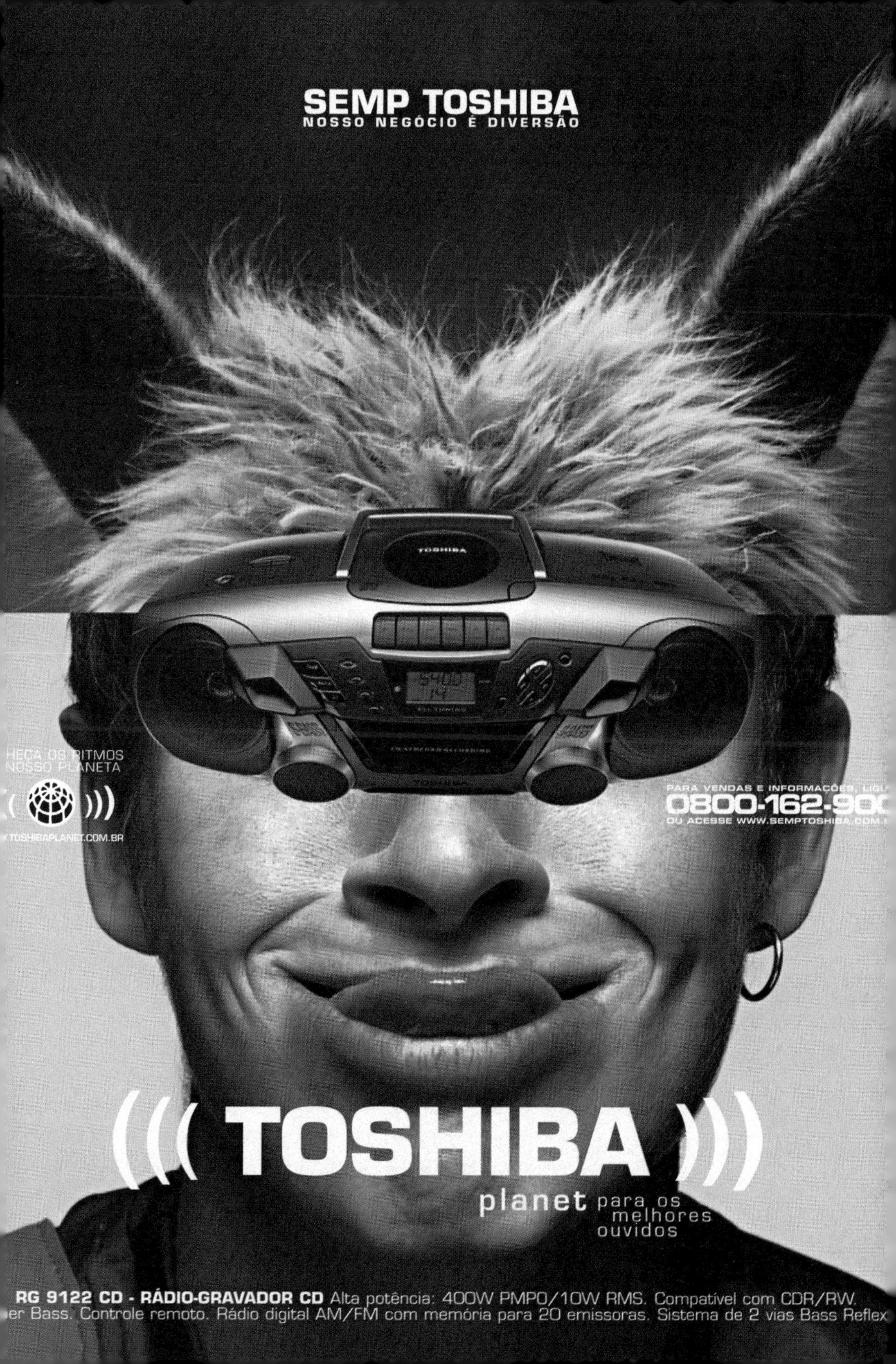

SEMP TOSHIBA
NOSSO NEGÓCIO É DIVERSÃO
TOSHIBA
HEÇA OS RITMOS
NOSSO PLANETA
TOSHIBAPLANET.COM.BR
PARA VENDAS E INFORMAÇÕES, LIGU
0800-162-900
OU ACESSE WWW.SEMPTOSHIBA.COM.
(((TOSHIBA)))
planet para os melhores ouvidos
RG 9122 CD - RÁDIO-GRAVADOR CD Alta potência: 400W PMPO/10W RMS. Compatível com CDR/RW.
er Bass. Controle remoto. Rádio digital AM/FM com memória para 20 emissoras. Sistema de 2 vias Bass Reflex

71 Ao fazer o plano de comunicação para o próximo exercício, o que é preciso para aumentar o grau de acerto nas previsões de mercado?

Com a chegada do final do ano, o Brasil é atacado pela "síndrome da mãe Dinah". Nessa época, o país é contagiado por uma compulsão em fazer previsões. Profissionais das mais diversas áreas se vêem tomados pela crença de antever o futuro. Assim, surgem, de todas as fontes, afirmações absolutas sobre o futuro da economia do país, do povo brasileiro, de mercados, marcas e produtos. É claro que uma função importante do marketing é procurar ver à frente da sua época, procurando antecipar possíveis situações de mercado e facilitando a tomada de decisão.

O problema é que, definitivamente, esse exercício quase nunca é bem-sucedido. Um dos sites mais interessantes da internet é o que compila previsões que, com o passar do tempo, se mostraram totalmente absurdas, como:

- **"Nós não gostamos do seu som, e música de guitarra não está mais na moda." – Foi o que disse a gravadora Decca Recording, ao rejeitar os Beatles, em 1962.**

- **"Eu acredito que haverá, no futuro, um mercado mundial para, talvez, cinco computadores." – Foi o que previu o presidente da IBM, em 1943.**

- **"Estou feliz por ser Clark Gable quem irá fracassar, e não Gary Cooper." – Foi o que afirmou Gary Cooper quando decidiu não aceitar o papel principal em** *E o vento levou...*

Essas são apenas algumas das hilariantes previsões fracassadas de empresas, executivos e personalidades que estão nesse site. Uma proveitosa lição de humildade para nós que, pelo menos uma vez por ano, acreditamos ter o dom de falar do futuro com a prepotência de donos da verdade.

Não se deixe influenciar pelas previsões fáceis. Não permita que o destino de sua vida profissional ou de seu negócio seja determinado por futurólogos de ocasião. Acima de qualquer coisa, é sempre bom lembrar que o futuro não existe; ele é só a conseqüência daquilo que fizemos ontem e das decisões que tomamos hoje.

72 Devo aplicar minha verba inteiramente em ações promocionais, deixando a propaganda de lado?

É uma decisão bastante arriscada, além de, em geral, impossível de ser tomada, salvo em casos muito específicos, porque essa não é a questão verdadeira. A questão é: Como utilizar, de forma inteligente, a verba disponível, combinando publicidade e ações promocionais?

Por mais atraente que seja a promoção, como o consumidor vai ficar sabendo dela se não for com a ajuda da publicidade? Além disso, como posicionar a marca com firmeza no mercado somente por meio de ações promocionais? Há muitos exemplos de marcas que parecem crescer com ações promocionais localizadas, mas que decaíram assim que terminou esse esforço, pela simples razão de não terem deixado residual algum na mente do consumidor.

É fundamental, para qualquer empresa, pensar a longo prazo.

O que se quer de cada marca ou produto será determinante para a definição das ações.

Muitas vezes, o desejo de obter resultados imediatos pode virar uma armadilha. "Não estou vendendo, promoção é a solução." E, assim, o veneno começa a fazer efeito.

Não devemos agir por impulso.

Pense nisso, porque publicidade e promoção de vendas não se excluem em um bom plano de comunicação. De um modo geral, utilizar somente uma atividade é como tentar correr com uma perna só: você acaba caindo.

73 Em que medida vale a pena gastar dinheiro para pesquisar o comportamento do meu consumidor no PDV?

Fora do ambiente acadêmico, um bom princípio, quando se pensa em fazer uma pesquisa, é de que a informação não deve ser encarada como um bem em si. Seu valor é determinado por aquilo que a empresa pode construir com ela, para seus produtos, no mundo real.

A função da pesquisa não é, como se acreditou durante muitos anos, informar a empresa a respeito das realidades dos mercados e dos públicos com os quais ela interage. A finalidade da informação, no contexto atual das empresas, é mudar essa realidade.

A verdade tem de ser útil, porque, senão, torna-se apenas mais um processo dentro das empresas, gerador de custos e desvinculado de resultados.

A pesquisa que é feita sem o sentido da finalidade aumenta apenas a erudição da empresa a respeito de assuntos que não irão ajudá-la a fazer as coisas acontecerem. Por isso, a validade do investimento depende daquilo que você vai fazer com a informação.

De qualquer maneira, o PDV é um lugar estratégico para qualquer marca ou produto. É lá que o consumidor faz suas opções; e entender esse processo pode auferir vantagens significativas em termos de desempenho para o produto.

Muitas vezes, podemos identificar no PDV que a baixa *performance* de um produto não está necessariamente associada a questões relativas à sua imagem ou ao seu posicionamento, e sim a problemas de natureza mecânica, portanto, passíveis de solução por intermédio da área de trade marketing da empresa.

Ter uma clara visão da finalidade do que se pretende é condição fundamental para elaborar qualquer pesquisa, inclusive no PDV.

74 Como fica a propaganda na era da informação?

Há cinqüenta anos, dois cientistas ingleses descobriam, finalmente, a estrutura da molécula de DNA. Na época, pouca importância foi dada à descoberta. Hoje, suas aplicações são inimagináveis.

Da mesma maneira, há pouco mais de cinqüenta anos, foi inventado o computador, e, pouco tempo depois, dois computadores foram interligados para troca de informações. Hoje, essa tecnologia transforma a maneira como nos relacionamos com o mundo.

Vivemos na era da informação. O próprio DNA é o modo de ver o homem sob a óptica da informação. Quando foi anunciada a conclusão do seqüenciamento do genoma humano, o jornal *The New York Times* noticiou: "Descoberto o limite do homem". Segundo essa visão, o homem pode ser descrito por uma seqüência de informação genética.

O mais incrível do DNA é pensarmos que ele é, ao mesmo tempo, forma e conteúdo. A informação está na sua forma. O mesmo acontece com a comunicação humana: forma e conteúdo são inseparáveis. Um anúncio de jornal tem uma forma e um conteúdo. A internet tem outra forma, e, portanto, seu conteúdo é diferente. Entender as implicações dessa nova tecnologia na comunicação é o grande desafio que se apresenta para as agências de propaganda.

75 Há uma qualidade indispensável para fazer um bom anúncio?

Sim. Ser interessante. Você tem alguma coisa para dizer que seja nova, mobilizadora, relevante? Caso contrário, fique quieto.

Anunciar significa divulgar alguma coisa que seja importante. Se você não tem nada a dizer, pense duas vezes.

Propaganda é um instrumento muito poderoso, desde que você possa fazer afirmações mobilizadoras sempre que tiver alguma coisa importante para dizer às pessoas a quem o anúncio se destina.

A mensagem deve ser relevante para aquelas pessoas que você deseja que se interessem pelo que está sendo dito. Caso consiga capturar sua atenção, certamente você será eficaz.

Normalmente, empresas costumam investir tempo e dinheiro para criar anúncios que tenham a ver com suas virtudes, mas se esquecem de que estão falando para pessoas que têm interesses específicos, que estão, antes de mais nada, interessadas em si mesmas. Se você está preocupado em gerar um bom anúncio, pergunte-se a respeito do interesse do seu público-alvo e se você tem alguma coisa que realmente interessa a ele. Do contrário, sua propaganda não estará falando para ninguém. É o que se pode chamar de "boa vela para mau defunto".

76 Se os segmentos de menor renda são a maior parte da população brasileira e não estão conectados à internet, faz algum sentido veicular publicidade on-line?

Especificamente para produtos voltados às classes C e D, não. Mas elas virão: por iniciativa de algumas empresas privadas e do próprio governo, estão surgindo vários projetos – alguns deles muito voltados à educação – que permitirão o maior acesso dessas classes sociais à internet por intermédio das escolas, do trabalho e de associações.

Segundo um estudo, a classe E não está presente na internet, e as classes C e D somam 19% do total de internautas, mas não utilizam a rede para fazer compras.[9]

Para todo o restante dos itens de consumo, faz todo sentido, por várias razões.

Em primeiro lugar, por atingir camadas fortemente formadoras e multiplicadoras de opinião, as quais influenciam intensamente as decisões de compra das camadas menos favorecidas. Em segundo lugar, por se tratar de mídia com custo absoluto e relativo ainda muito baixo, oferecendo alto índice de retorno sobre investimento em comunicação. Em terceiro lugar, por oferecer o que mídia alguma oferece: interatividade imediata, potencializando o efeito da mensagem publicitária, se bem criada e produzida.

Por fim, por permitir um grau de interação e convergência de mídias (jornal e internet, rádio e internet, televisão e internet, outdoor e internet, etc.) que permite ampliar significativamente o grau de retenção do conteúdo das mensagens pelos consumidores atingidos, atraindo-os e fidelizando-os.

9 Grupo de Mídia de São Paulo, *Mídia Dados 2003*, cit.

77 Precisa ter "historinha" no meu comercial?

Há alguns anos, o comercial concorria apenas com os outros do intervalo da tevê aberta. Hoje, concorre com dezenas de outros canais de tevê a cabo, internet, mp3, etc. O risco de perder o telespectador é enorme, e os segundos da televisão são caros demais somente para descrever seu produto como se fosse um catálogo. Para fazer isso, existem os próprios catálogos ou os formatos de televendas, que até conseguem ser folclóricos, mas não constroem marca. E como falar do produto sem ser um folheto eletrônico?

Os melhores comerciais são aqueles que têm a capacidade de envolver. Na prática, eles precisam ter alguma coisa capaz de fazer isso. Não esqueçamos que, quando concebemos um comercial, estamos fazendo ficção; por isso precisamos ser verdadeiros e humanos. Portanto, imperfeitos e não idealizados, como no mundo da propaganda descartável. Pessoas têm suas virtudes, mas, acima de tudo, seus defeitos. Elas e o produto podem e devem fazer parte, naturalmente, dessa trama, senão vira historinha ou uma fórmula de fazer propaganda falsa, que não combina com envolvimento.

78 Qual a importância da imagem da marca?

A compra do produto se dá, geralmente, por razões funcionais de quem compra em atender a uma necessidade específica; já a escolha de uma determinada marca é resultado de um estímulo direto ou indireto.

O estímulo direto, em geral, é conseqüência de alguma proposta de caráter bastante objetivo, como, por exemplo: o preço, um diferencial de embalagem, uma ação promocional ou, ainda, uma qualidade particular que o produto daquela marca oferece. Por outro lado, o estímulo indireto está relacionado aos sentimentos que a pessoa experimenta por se associar a uma certa marca.

Com a democratização das tecnologias, é cada vez mais difícil conseguir prevalecer em relação à concorrência com base em características particulares do produto.

Ao mesmo tempo, adotar como diferencial o preço mais baixo, acarreta perda de margem e da saúde do negócio. O que se pode constatar é que o estímulo direto como fator de ativação de compra é cada dia mais difícil de ser praticado.

Num ambiente de produtos cada vez mais equivalentes nas suas qualidades, com apresentação bastante semelhante e preço aproximado, é a

Num ambiente de produtos cada vez mais equivalentes nas suas qualidades, com apresentação bastante semelhante e preço aproximado, é a imagem que o consumidor tem da marca e as sensações que essa marca provoca os fatores predominantes na escolha.

imagem que o consumidor tem da marca e as sensações que essa marca provoca os fatores predominantes na escolha.

Não raro, é a marca o único diferencial do produto.

Em estudos realizados com consumidores, comprovamos a força da imagem da marca fazendo a experiência de testes cegos, em que pessoas eram solicitadas a identificar produtos dos quais havíamos retirado a marca. Nessas experiências, foi comum produtos populares ser identificados com marcas sofisticadas, e vice-versa.

Realizamos a mesma experiência, só que, dessa feita, substituindo marcas de produtos populares por marcas de reputação. Nesses casos, as pessoas passaram a avaliar a qualidade do produto pela imagem da marca, fazendo considerações extremamente positivas a produtos sinalizados por marcas de reputação, sem saber que, na verdade, as marcas haviam sido trocadas.

A imagem que as pessoas têm da marca condiciona a percepção em relação a todos os aspectos do produto, inclusive os de ordem objetiva.

79 Existe alguma mídia gratuita?

O que existe e, muitas vezes, está ao nosso alcance são oportunidades de divulgação de produtos ou marcas usando meios não-convencionais e até mesmo sem custos.

Quando a marca de bebidas Snaple decidiu lançar seu sabor manga nos Estados Unidos, descobriu que dois distribuidores dominavam 100% do mercado de frutas em Nova York. Depois de alguma negociação, conseguiu que cada manga fosse vendida com um selo com os seguintes dizeres: "Agora também na versão Snaple".

No dia seguinte, a bebida era um grande sucesso de vendas...

Não faz muito tempo, e muitos ainda se lembram, a Associação Paulista de Avicultura lançou uma inteligente campanha publicitária que buscava o aumento do consumo do produto. Entre os meios convencionais, trazia carimbado, em todos os ovos que vendia, a mensagem: "Bota pra quebrar. Coma mais ovos!".

Foi mais um grande sucesso.

As operadoras de telefonia celular se utilizam muito bem do SMS (serviço de mensagens enviadas de celular para celular ou da operadora para a base de assinantes), conseguindo manter um estreito relacionamento com seus usuários a custo quase zero.

A primeira mídia de toda empresa é sua própria empresa, que coloca frente a frente sua imagem e a de seus produtos e seus públicos de interesse.

Quando o assunto é mídia, invariavelmente, o pensamento se dirige aos meios tradicionais, como televisão, rádio ou revista, e parece custar muito, mas os casos anteriores nos ensinam que tudo é mídia.

Se você ainda não descobriu a mídia que mora dentro de sua própria casa, está perdendo dinheiro e não sabe: olhe em volta, na sua empresa, e veja a quantidade de documentos, correspondências e caixas de embarque que, diariamente, saem para o mercado sem levar nenhum tipo de mensagem sobre seus produtos ou sua marca.

A primeira mídia de toda empresa é sua própria empresa, que coloca frente a frente sua imagem e a de seus produtos e seus públicos de interesse.

Vale lembrar – e, sem dúvida, é uma das pioneiras nessa estratégia, seguida por muitas outras empresas do segmento – o brilhante trabalho da fábrica de roupas e material esportivo Lacoste, que, ao estampar seu jacaré no peito de suas camisas e casacos, conseguia um batalhão de promotores e promotoras, formadores de opinião, que pagavam para desfilar e divulgar sua marca.

Um outro bom exemplo disso é a frase *Intel inside*, colocada em quase todo computador que conhecemos.

É bom lembrar que essa "mídia" gera milhões de impactos por ano e, o melhor de tudo, é quase sempre de graça.

80 Como é que o anunciante pode saber se a agência está empregando bem o dinheiro dele?

A maneira mais óbvia de se certificar de que a agência está empregando bem o dinheiro que o anunciante investe em propaganda é estabelecer um paralelo com seus resultados de venda. Esta, no entanto, não é a maneira mais correta de mensurar a eficácia da agência, já que podemos encontrar, com freqüência, casos de empresas de sucesso que fazem uma propaganda de péssima qualidade e são vitoriosas por razões alheias à sua comunicação.

A melhor maneira de controlar o retorno do investimento é estabelecer parâmetros, antes do início do trabalho, a partir dos quais o resultado será avaliado.

É bastante freqüente que a agência seja acionada pelo anunciante sem que antes houvesse a preocupação de definir alguns critérios básicos de avaliação que permitam medir o sucesso do esforço que será realizado.

Não é necessária nenhuma sofisticação ou complexidade, mas é fundamental que, tanto para o anunciante como para a agência, esteja bastante claro quais serão os pontos levados em consideração na avaliação do trabalho, o que, inclusive, ajudará todos a se manterem fiéis àquilo que precisam fazer acontecer.

Alguns critérios possíveis podem ser: o aumento do volume de vendas ou o preço médio praticado, a diminuição de evasão de clientes, a conquista de novo segmento de mercado, o aumento da rentabilidade da verba de mídia, o nível de lembrança espontânea, e, ainda, outros, que deverão ser pensados de acordo com o momento da empresa, seu mercado e seus objetivos.

Crie, em conjunto com a agência, um sistema de avaliação de resultado. Discuta, em conjunto, cada parâmetro. Estabeleça formas justas de avaliá-la e tenha uma relação em que você saiba exatamente o que quer pelo dinheiro investido e a agência saiba exatamente pelo que será cobrada.

81 Em que devo basear-me para aprovar com mais segurança uma campanha de propaganda?

Não existe uma fórmula para aprovar ou recusar uma campanha. Se essa fórmula existisse, só conheceríamos histórias de sucesso no mundo da propaganda, e não é essa a verdade. É perfeitamente possível, no entanto, estabelecer alguns princípios e critérios numa decisão tão importante como essa.

Uma boa providência é jogar limpo consigo mesmo.

Confie nos seus próprios sentimentos por ocasião da apresentação de uma campanha; afinal de contas, se ela gerou em você entusiasmo, é bastante provável que provocará sentimento semelhante nas pessoas de maneira geral.

Do mesmo modo, o inverso é verdadeiro. Uma campanha que pareça morna e chata a você dificilmente provocará reação diferente quando colocada na rua.

Um outro princípio é de que as campanhas boas prescindem de grandes explicações. Em geral, as campanhas adequadas à solução do problema são aquelas antecedidas de um pequeno embasamento estratégico. Se o discurso é longo, normalmente é porque o que vem em seguida precisa de muita justificativa para ser aprovado.

Até aqui, já falamos de um pouco de intuição, um pouco de consistência e, agora, vamos falar também sobre ser original.

Sem impacto, por mais que o conteúdo seja relevante, é bastante possível que aquela campanha que, no escritório, parecia ser correta, na rua passe indiferente.

Uma boa campanha deve entusiasmar, deve ser adequada à solução do problema, mas também deve ter uma boa dose de originalidade, ou você não conseguirá sair do panorama geral de tudo o que seu consumidor vê na mídia.

Sem impacto, por mais que o conteúdo seja relevante, é bastante possível que aquela campanha que, no escritório, parecia ser correta, na rua passe indiferente.

Finalmente, se você estiver diante de uma campanha que não queira aprovar, embora recomendada pela sua agência, e, após todas as avaliações, ainda continuar não gostando, simplesmente não aprove; afinal, você está nesse negócio para gerar resultados para sua empresa, e não para ser gentil.

Os cemitérios do mercado estão repletos de lápides com a frase: "Aqui jaz uma empresa que tinha um presidente simpático".

82 Por que uma marca tão conhecida como a Coca-Cola precisa continuar anunciando?

Você já se perguntou por que precisamos comer todos os dias? Pois, com as marcas, acontece a mesma coisa: é preciso alimentá-las continuamente para que mantenham saúde e vitalidade.

O mundo está em constante transformação; nada permanece estático ao longo do tempo. Novos consumidores nascem todos os dias e precisam ser conquistados. Surgem novos concorrentes, novas opções de produtos com propostas desafiadoras e provocativas e, nesse contexto, ou você se mexe ou será atropelado.

Nenhuma marca tem imunidade contra a dinâmica do mercado, mesmo marcas que parecem estar acima do bem e do mal precisam realimentar sua relação com o consumidor.

Também devemos considerar que os valores do consumidor mudam ao longo dos anos. O que era importante há uma década, hoje é irrelevante; enquanto isso, outros valores inexistentes surgiram e determinaram a preferência das pessoas.

Marcas são entidades vivas que precisam evoluir permanentemente.

As marcas de maior sucesso são aquelas que têm a humildade de assumir a necessidade de se reciclar permanentemente.

Não importa o tamanho do sucesso de hoje; o dia de amanhã somente estará garantido se trabalharmos para que isso aconteça. Nesse sentido, a continuidade do investimento na marca é fundamental.

Mais do que a intensidade do investimento, o que realmente constrói bases sólidas é a constância.

Esforços feitos de maneira coerente, consistente e em caráter permanente. Essa é a fórmula simples das marcas de sucesso.

Em propaganda, não existem truques; o que funciona, de verdade, é a realimentação, todos os dias, da relação com o consumidor.

VOCÊ É UMA FLOR RARA: NÃO EXISTEM DÚZIAS COMO VOCÊ POR AÍ.

TALENT

83 Como posso ter certeza de que estou conectado com meu mercado e com meus consumidores?

John le Carré é autor de uma frase de conteúdo inspirador. É ele quem diz: "Uma escrivaninha é um lugar muito perigoso de se ver o mundo". Essa frase é um verdadeiro alerta a todos aqueles que precisam manter-se conectados com o mercado e as demandas dos seus clientes.

Com as transformações aceleradas que estamos vivenciando, novos comportamentos são adotados pelos consumidores, novos formatos de comercialização estão surgindo ou ganhando importância, novos canais de distribuição são criados e movimentam volumes cada vez mais significativos.

O problema é que essas mudanças não mandam aviso prévio ou recado para seu e-mail e, quando se dá conta, você já foi atropelado por uma nova realidade que não domina. O escritório é um lugar perigoso para se ver o mundo, porque é quentinho e amigável, pois não é lá que as coisas realmente acontecem.

Por essa razão, é fundamental reservar, com freqüência, um tempo para gastar sola de sapato e ir, fisicamente, visitar o PDV, andar pelos grandes corredores comerciais, perguntar aos comerciantes como eles percebem os produtos, sua opinião a respeito do mercado e do comportamento do consumidor.

Nenhuma pesquisa, por mais bem-feita, substitui a necessidade de passar um dia visitando clientes, acompanhado de alguém da equipe comercial. Passar uma manhã observando o consumidor fazer suas compras no supermercado pode ser a maneira mais rica e eficiente de entender seu processo de decisão do que a leitura de relatórios assépticos.

Uma das técnicas que sempre agregam conhecimento útil é a realização de compra simulada, em que você se passa por um consumidor-padrão. Em uma dessas investigações, ao tentar comprar um eletroeletrônico da marca com a qual trabalhávamos, constatamos que o balconista da loja nunca a oferecia espontaneamente.

Se consultado a respeito, informava que era uma boa marca, porém, sem entusiasmo, e, quando dávamos demonstração do desejo de realizar a compra dessa marca, ele, imediatamente, saía com a expressão: "O senhor é quem sabe". Diante de uma reação como essa, qual consumidor ainda continuaria seguro para efetivar sua decisão de compra?

O fato é que o balconista tinha muitas razões para querer vender as marcas concorrentes e nenhuma razão para trabalhar a favor da marca desse cliente. É provável que centenas de vendas tenham sido perdidas por essa marca, sem qualquer razão que não fosse o envolvimento do balconista.

De maneira geral, as empresas investem anos de pesquisa e desenvolvimento de produtos e milhões de dólares na sua viabilização, tomam o cuidado de pesquisar o consumidor, discutem com suas agências o melhor posicionamento e as campanhas de comunicação.

Outros milhões de dólares são destinados à divulgação, e todo esforço é feito para motivar a equipe de vendas. Esquecem, porém, que é do lado de fora da empresa, nas ruas, em cada canto de um país continental, que está a realidade do mercado.

Todo investimento, energia e cuidados poderão não valer coisa alguma, se negligenciarmos o fato de que é no PDV, com a barriga encostada no balcão, que as coisas acontecem.

Por essa razão, não podemos nos satisfazer somente com as informações dos relatórios de pesquisa; precisamos ir, nós mesmos, às ruas e colher uma verdade de primeira mão.

Em seu livro *Vencendo a crise*, Thomas Peters e Robert Watermam chamam de "torre de marfim analítica"[10] a capacidade de formar juízo sem um contato direto com o dia-a-dia do mercado. Segundo esse livro, a figura do quadro do pintor surrealista belga René Magritte é uma boa ilustração para o equívoco de tentar entender as leis do mercado a distância.

O quadro representa uma série de cachimbos, e seu nome é *Ceci n'est pas une pipe* (Isto não é um cachimbo). "Para nós, a pequena moral desse fato é muito simples: a imagem de uma coisa não é a própria coisa", afirmam os autores. E continuam: "Do mesmo modo, um diagrama organizacional

10 Thomas J. Peters & Robert H. Watermam Jr., *Vencendo a crise* (23ª ed. São Paulo: Harbra, s/d.), p. 3.

não é uma empresa, assim como um novo plano estratégico não constitui, por si só, uma resposta automática às dificuldades de uma corporação".[11]

Com presença física e sensibilidade veremos e ouviremos coisas que jamais chegariam até nós se permanecêssemos sentados atrás de uma escrivaninha.

Ainda não inventaram uma maneira melhor de saber o que está acontecendo no mercado do que gastar sola de sapato. Se você deseja realmente saber como as coisas estão acontecendo, vale lembrar de um outro dito, dessa vez da sabedoria popular: "É almoçando na casa da sogra que se conhece o gosto do noivo".

---

11 *Ibidem.*

84 Pré-teste de comerciais é uma prática que dá bons resultados?

Em geral, serve bem para aplacar a ansiedade da diretoria do cliente, que teme assumir os riscos próprios de seu negócio. Raras vezes, entretanto, reproduz com fidelidade os efeitos que as campanhas testadas tendem a ter numa situação de exposição real.

A maioria das pessoas tem grande dificuldade para lidar com inovação e ruptura, já que as coisas novas perturbam e as tiram de zonas de conforto, levando-as a reavaliar ou reconsiderar. Assim, tendem a estranhar ou rejeitar o que as incomoda.

Se uma proposta de comunicação é realmente nova e instigante, o que é sempre necessário para produzir impacto e gerar diferenciação positiva para a marca, ela tenderá a mobilizar as emoções das pessoas. Quanto mais conseguir fazê-lo, mais chances terá de sucesso. Instadas a opinar, porém, as pessoas tendem a assumir posições ora tidas como corretas, ora demasiado racionais, ora simplesmente corteses, o que é o caminho mais curto para eliminar boas idéias e manter pasteurizada a proposta de comunicação da marca.

O que deve ser feito, isso sim, e é bem mais complicado: um intenso trabalho de levantamento de dados para um planejamento de comunicação bem desenvolvido e um briefing completo e bem focado para a criação da agência, deixando para o mercado real o verdadeiro teste de eficiência da campanha na geração de resultados. Porque raros são os casos em que boa pesquisa, bom planejamento e boa criação não dêem como fruto campanhas com resultado positivo.

Mas, pesquisar o resultado criativo de um fraco trabalho anterior de pesquisa e planejamento, já sabemos: é jogar dinheiro e esforço fora. É também necessário dizer que aprovar uma campanha requer conhecimento e personalidade dos profissionais de marketing, assim como qualquer decisão que qualquer pessoa precise tomar na vida.

85 Como devo dividir minha verba de comunicação entre publicidade, promoção e atividades no media?

Houve um tempo em que a publicidade ficava com 100% dos investimentos totais das empresas em comunicação. Hoje, entretanto, com o crescimento da força do varejo, o aumento da concorrência entre produtos e categorias e a ampliação do número de canais de vendas, os orçamentos das empresas estão se individualizando. Faz-se um orçamento para propaganda, outro para ações promocionais e um terceiro para outras atividades, como relações públicas, assessoria de imprensa, telemarketing e ações de fidelização dos consumidores.

É a tal da segmentação, que também chegou à mídia.

Hoje é impossível pensar em uma estratégia que contemple somente uma ferramenta.

A grande pergunta é: Quanto vai para cada um?

O que determina o valor é a tarefa a ser cumprida ou os objetivos traçados. O que estamos buscando, com quem queremos falar e de que modo queremos nos relacionar são fatores fundamentais para determinar a estratégia.

Deve sempre prevalecer o critério de primeiro definir o que se quer que aconteça com a marca do produto no mercado, para depois definir as ações necessárias, sejam publicitárias, promocionais ou outras.

O orçamento será resultante do conjunto total de ações de comunicação previstas.

Agora, vale aqui um alerta: avaliações muitas vezes equivocadas e perigosas, e que vêm acontecendo com bastante freqüência, acabam induzindo a uma percepção de que a mídia de massa é muito cara e, portanto, não cabe no orçamento. Cuidado! Esse pode ser o começo do fim. Uma ação tímida e pontual pode ser tudo o que o concorrente deseja.

86

Se o grande diferencial de um produto é seu preço, por que, em geral, a publicidade não destaca esse aspecto nos anúncios?

Nem sempre o preço é o principal diferencial da marca e, a bem da verdade, é até bom que muitas vezes nem tenha de ser, para manter a margem do fabricante e do vendedor.

Basta ver que, segundo pesquisas, diferenças de qualidade no produto ou no serviço suportam variação de preço de até 10% – 15% acima da concorrência.

De fato, para a maioria das pessoas, o preço é o quarto fator em importância: em primeiro lugar vem a relação pessoal; depois a confiabilidade, a qualidade dos produtos e, por fim, o preço.

Você sabia que a maioria das donas-de-casa pesquisadas em supermercados não sabe o preço individual dos produtos e, sim, estabelece um conceito genérico para as lojas que conhecem ("é careira" ou "é barateira"), passando a se relacionar com elas a partir dessa noção?

Além disso, o fator preço é supervalorizado como elemento decisivo principal por muitas empresas, apoiadas em dados de pesquisas que mostram que mais de 80% das decisões de compra são feitas na frente da gôndola ou no PDV. Essas mesmas pesquisas, porém, constatam que 75% das decisões sobre qual marca será comprada são tomadas pelo consumidor antes de se dirigir ao PDV.[12]

Portanto, se quero ter meu produto ou serviço adquirido no PDV, tenho de dar argumentos para que os consumidores cheguem ao PDV com essa decisão já tomada.

É uma ação de pré-venda, anterior ao ato mecânico da aquisição, com o qual a empresa tem de estar constantemente preocupada e ativa, procurando

12 *Estudo do comportamento do consumidor brasileiro no PDV*, realizado pela seção brasileira da Popai, em 1998.

sempre agregar valor. Assim, podem-se gerar negócios com melhores margens de lucro, escapando da armadilha da dimensão finita e única do preço.

Até a barraca de pastel da feira pratica ações intuitivas além-preço para ter a preferência dos consumidores. Elas não atuam apenas baixando ou praticando os preços mais baixos: procuram agregar valor e/ou serviço para a barraca (pastel de brinde em compras em quantidade, novos sabores, pacote de "massinha" de pastel de brinde na compra de boa quantidade, degustação de sabores diferenciados, etc.).

Lógico que existe a propaganda com preço, principalmente do segmento das lojas de varejo. E ela é mais do que necessária, pois, nesse modelo de negócio, o fator preço é um elemento estratégico e fundamental, que faz com que o consumidor seja atraído por esta ou aquela rede de lojas e, estando nela, possa vivenciar a experiência daquela marca, abrindo a chance de ser fidelizado.

Neste caso, o preço funciona como ingrediente de atratividade e de posicionamento da marca da rede.

É importante salientar que a dimensão do preço pode ser tentadora como recurso imediato, mas é muito limitada e limitante. A não ser que seu modelo de negócio seja o de preços arrasadoramente baixos, como é o caso dos produtos feitos na China. Produção em volumes globais a preços imbatíveis, comprovadamente insuperáveis.

No outro extremo temos situações de conglomerados, como a holding LVMH, que consegue reunir grandes marcas de prestígio como Louis Vuitton, que cobra em média até dez vezes mais por seus produtos do que os similares de outras marcas em qualquer lugar do mundo.

Mas nunca anuncia preço. A não ser que lance uma linha de produtos mais "acessíveis", numa estratégia tipo Audi A3, na qual anunciará que "Você poderá ter uma Louis Vuitton por apenas...".

87 Vale a pena investir em propaganda institucional?

Há alguns anos, foi realizada uma pesquisa nos Estados Unidos sobre a eficácia dos comerciais chamados institucionais. O resultado foi surpreendente. Pelo menos metade das pessoas entrevistadas não havia entendido qual a finalidade das campanhas.

O problema das campanhas institucionais é que os anunciantes se levam mais a sério do que a leitura que o público tem a respeito deles. Isso é o que podemos chamar de uma "visão umbilical", em que as empresas se apaixonam por si próprias e acabam por verbalizar aquilo que gostariam de ouvir a respeito de si mesmas.

É impressionante a quantidade de recursos investidos para divulgar informações como: "Nosso negócio é o amanhã", ou ainda generalidade do tipo "50 anos em busca da perfeição". E o que dizer de formulações como: "A maior fábrica de óleo de mamona da América Latina"?

Quem acredita que esse tipo de conteúdo pode mobilizar alguém? O que se entende como campanha institucional é uma boa forma de queimar dinheiro, a não ser que trate de algum tema que seja do interesse das pessoas, e não da empresa.

Quantas campanhas de empresas que fabricam produtos destinados a mulheres já desenvolveram esforços institucionais valorizando a natureza feminina? É freqüente, no entanto, o discurso em favor das próprias virtudes institucionais como "a mais moderna", "a maior", "a mais capaz"...

Pensando nessa freqüência, uma das melhores e mais bem-sucedidas campanhas institucionais realizadas em todos os tempos foi feita pela Mobil, há décadas, empresa do segmento de derivados do petróleo. Ao comemorar o primeiro centenário de vida da companhia, eles veicularam uma massiva campanha de educação a respeito da segurança no trânsito. O tema era simples e direto: "Nós vendemos gasolina e, por isso, nos sentimos responsáveis por manter você vivo". O resultado foi uma impressionante queda no índice de mortes em acidentes rodoviários, o início de um movimento coletivo que modificou leis, tornou obrigatório o uso do cinto de segurança e criou o *air bag* como equipamento-padrão para automóveis americanos.

Esse foi um dinheiro bem investido em uma campanha institucional.

88 Tenho notado que a mídia exterior tem sido bastante utilizada por marcas importantes, no entanto percebe-se a poluição visual que tem provocado. Qual é a opinião da agência sobre esse meio?

Quem mora nos grandes centros urbanos, ou visita as grandes cidades brasileiras, fica surpreso com a quantidade de painéis, luminosos, placas, back lights, painéis eletrônicos, cartazes em ônibus, adesivos em táxis, placas de outdoor, etc.

A estimativa é de que, somente na cidade de São Paulo, existam milhares de placas de outdoor, de táxis adesivados, de painéis de rua, de ônibus com cartazes e inúmeros outros formatos de propaganda exterior.

Esse é um fato relativamente recente: de repente, nos últimos anos, parece que todo mundo acordou e percebeu o poder da mídia no outdoor. Parece lógico que o consumidor, depois de ter sido atingido por uma mensagem veiculada na televisão à noite, tenha essa mensagem reforçada na manhã seguinte, ao sair de casa.

O efeito, no entanto, é perverso. A quantidade ilimitada de espaços e seu uso desordenado têm gerado um ambiente caótico, em que as mensagens se confundem e, pior ainda, agridem a percepção do consumidor.

Basta andar por uma rua qualquer da cidade ou conversar sobre o tema com alguém, para constatar o que está à vista de todos: a mídia exterior está ofendendo o direito de as pessoas viverem em sua cidade, sem vê-la tornar-se uma colcha de retalhos de anúncios.

Não é uma questão de ser contrário à mídia exterior, um meio de comunicação que existe em todas as cidades do mundo. É legítimo que empresas exibidoras sérias e profissionais possam explorar esse tipo de mídia. É útil para o consumidor ser informado também por esse meio. É importante para as marcas contarem com esse tipo de espaço para promover seus produtos; a cidade também ganha na locação dos espaços.

Tudo isso é válido, porém, quando trabalhado de maneira disciplinada, organizada com bom senso e levando em conta, acima de tudo, o consumidor.

A eficácia da comunicação também depende, incondicionalmente, do senso estético. Não há como conquistar mentes e corações vendendo o feio. A mídia exterior precisa repensar a maneira como vem atuando. As agências e os anunciantes têm o dever de estimular os veículos a estabelecerem regras de preservação do espaço público.

Com a valorização da cidade e o uso civilizado dos espaços, todos só têm a ganhar, e o consumidor tende a agradecer dando sua preferência a quem o respeita.

89 Por que razão sempre tenho a impressão de que as melhores campanhas de propaganda que minha agência faz são para os outros clientes?

E se for verdade? Você pode estar certo. Pode parecer inadmissível para muitos anunciantes, mas existem muitas agências dentro de cada agência. Uma muito mais capaz, brilhante e inovadora. Outra, razoável, que cumpre apenas com correção os trabalhos solicitados. E outra, ainda, que tem desempenho medíocre.

As três são constituídas pelo mesmo grupo de profissionais, atuam no mesmo lugar, com os mesmos recursos e, portanto, pelo menos teoricamente, deveriam gerar comunicação com o mesmo nível de qualidade. Isso, porém, não acontece. Por quê? Porque existe um fator determinante, milenar, não-mensurável, quase mágico chamado "entusiasmo".

Agências são feitas de pessoas, e pessoas se movem na freqüência dos estímulos que recebem. Se o cliente possuir o dom de estimular positivamente equipes e for capaz de fazê-las apaixonar-se por sua empresa, por seus interesses, seus produtos e sua marca, o resultado será exuberante, vigoroso. Por outro lado, clientes que emitem pela freqüência do medo, insegurança ou arrogância, recusando-se a tentar o novo ou a confiar no trabalho da agência, ou, mesmo, estão sempre reclamando, acabam por sofrer do mesmo mal das esposas rabugentas: falta de amor.

Quem deseja ter o melhor da sua agência precisa fazer as pessoas que a cercam sentirem-se grandes, competentes e importantes. Talvez sua agência esteja, realmente, apaixonada por outros clientes, porém, ainda há tempo. Trocar de agência não vai resolver o seu problema. O resultado continuará a ser morno. Uma agência que desenvolve grandes campanhas para outros clientes pode fazer o mesmo pela sua empresa. Basta tirar o máximo do que ela pode dar. Estimule-a a ser grande, a entusiasmar-se, a realizar coisas que façam diferença para seu negócio.

90

Com freqüência, acho mais produtivo reunir-me direto com a criação e a mídia, pois ganhamos tempo, e o trabalho sai melhor. Em casos assim, para que serve o atendimento?

O profissional de atendimento tem como compromisso o exercício da gestão, atuando como guardião do pensamento completo da marca ou do produto.

O diálogo do anunciante com todas as demais áreas da agência é, sem dúvida, muito produtivo, para integrar os pensamentos, balizar as expectativas e criar um relacionamento mais transparente. Seja com a criação, a mídia, o planejamento, a pesquisa, a área digital, a promoção, o marketing direto, etc. Todas essas áreas de expertise, porém, são pagas, cobradas e responsabilizadas pela resolução dos problemas técnicos específicos sob a óptica exclusiva de cada uma delas. Portanto, são visões ricas, mas com um olhar a partir de sua dimensão. É o ponto de vista técnico.

O único profissional que tem a responsabilidade de conduzir as decisões de modo holístico, sinérgico e eficaz para o cliente é o profissional de atendimento.

Uma agência de comunicação é rica e valorizada não só pelo conjunto e pela diversidade de talentos que consegue reunir, mas, principalmente,

> **Uma agência de comunicação é rica e valorizada não só pelo conjunto e pela diversidade de talentos que consegue reunir, mas, principalmente, pela forma uníssona que consegue estabelecer entre eles.**

pela forma uníssona que consegue estabelecer entre eles. E o responsável direto por esse processo é o atendimento.

Da mesma maneira, solicitar diretamente para o violinista ou o percussionista de uma orquestra é muito produtivo, enriquecedor e valioso. Apesar disso, porém, deixar de falar com o maestro é a certeza de que a riqueza e a diversidade da sinfonia não estarão sendo contempladas em sua plenitude.

Por isso, não deixe de conversar com o atendimento de sua agência ou de focar nele todo o conjunto de informações, solicitações e necessidades que acredita ser fundamental à sua empresa, pois o executivo da conta é a garantia de que o problema será resolvido de forma integral.

91 Com tanta informação passando na rede, como é possível haver comunicação?

Com a grande carga de dados trafegando na web, as pessoas terão de usar mecanismos para encontrar a informação que desejam. Isso implicará o aparecimento de sistemas inteligentes de procura. Atualmente, já existem robôs de procura e atendentes virtuais para sites. Ambos os sistemas são resultado da procura de solução para o excesso de informação e para a dificuldade do ser humano de lidar com esse volume de dados.

Por outro lado, as comunidades virtuais se estabelecerão na rede, fazendo com que exista maior intimidade e que nichos se estabeleçam. Outra tendência é de que o valor do silêncio seja redescoberto, e que as pessoas passem a procurar sites que forneçam informações mais pertinentes e na quantidade necessária.

92 Uma agência de propaganda sem profissionais de planejamento pode ser eficiente para o cliente?

Pode, mas isso amplia muito o risco de não produzir resultados com constância, pois a eficiência de seu desempenho fica depositada apenas no brilho das idéias da criação.

Por muitos anos, várias agências e anunciantes colecionaram resultados significativos, sem o apoio desse instrumental. A crescente complexidade do mercado, o aumento de pressões sobre todas as marcas e a sofisticação do consumidor e de suas exigências, porém, reforçam dramaticamente a necessidade do aporte do profissional de planejamento. Com margens cada vez menores e concorrência mundialmente mais acirrada, as marcas não podem correr o risco de depender de uma visão estratégica errática, como já se deu na história da propaganda.

O surgimento da função de planejamento de propaganda na Inglaterra, na virada da década de 1970, deu-se por causa do reconhecimento da crescente complexidade de mercado e da absorção obrigatória de novos conhecimentos, vindos das esferas da sociologia e da psicologia, como forma de dar maior riqueza e consistência aos briefings passados para a criação.

O objetivo do planejamento estratégico, nesse contexto, é absolutamente pragmático, objetivando a detecção de oportunidades, a geração e o crescimento de negócios, a solução de problemas e a obtenção de resultados crescentes.

A ferramenta deve servir como incentivadora do crescimento dos negócios, garantindo, ao mesmo tempo, a preservação dos valores essenciais das marcas e dos serviços das empresas.

93 Quais são os dados necessários para entender bem a situação de meu produto e seus concorrentes no mercado, antes de planejar seu posicionamento ou sua comunicação?

Uma boa analogia para esse caso é o procedimento do médico diante do paciente. Antes de sair pedindo exames, ele procura estabelecer algumas hipóteses de diagnóstico clínico, procedimento que é chamado de "anamnésia".

Em marketing, o que prevalece, cada vez mais, é a capacidade de se fazer um diagnóstico correto da situação. O melhor é evitar o predomínio do acúmulo de informações sobre o conhecimento e o pensamento, pois mais vale criar hipóteses que façam sentido, por meio de um bom pensamento estratégico – e depois buscar os dados para comprovar ou refutar as hipóteses –, do que atirar em todas as direções e tentar absorver toda a informação disponível.

Uma vez observado esse princípio, uma maneira prática de estabelecer essas hipóteses é criar um modelo de análise que reduza o número de variáveis a ser trabalhado. Por exemplo: se imaginarmos qualquer produto de consumo, teremos, forçosamente, dois grandes grupos de variáveis que são determinantes para seu posicionamento.

O primeiro grupo está ligado à capacidade de distribuição no varejo e, conseqüentemente, de penetração no universo de consumidores. Preponderantemente, os fatores determinantes desse conjunto de atributos são de natureza mecânica.

O outro grande conjunto de variáveis está ligado ao grau de "desejabilidade" do produto, que é definido pelo valor agregado da marca e, portanto, por fatores de caráter mais subjetivos.

O market share é resultado do encontro dessas duas curvas, que, em um modelo reducionista de análise, lhe mostrará as carências e as oportunidades existentes.

94 Por que os comerciais e os anúncios apresentam situações irreais, tão diferentes do dia-a-dia das pessoas comuns? É isso o que vende?

A propaganda, assim como o cinema, o teatro e a teledramaturgia, é uma representação da realidade, mas não é a realidade. Pode, portanto, assumir diversas formas, como a comédia, a sátira, a paródia, a crítica, o manifesto, o drama, o romance, simplesmente pelo fato de que, assim, as coisas ficam mais interessantes e memoráveis.

Agora, não podemos confundir ficção com mentira. A comunicação pode e deve utilizar-se de fantasia, de criatividade, de imaginação e de situações irreais para dramatizar benefícios reais de produtos e serviços, mas não pode enaltecer benefícios que são fictícios, o que incorreria em abuso e atropelo à ética.

Aprofundando no tema da linguagem, podemos perceber uma coisa, que também é elemento dramático importante na literatura ou no cinema: uma vez que se propõe uma situação irreal como idéia da comunicação, o desenrolar do roteiro deve obedecer a essa situação inicial para que o espectador se insira nesse universo e perceba a lógica que há nele.

Alguns exemplos para não ficar só na teoria: o filme *Babe, o porquinho atrapalhado* se desenvolve magnificamente durante duas horas, prendendo o espectador de qualquer idade, partindo da premissa absurda de que os animais falam. O segredo é que todas as ações do filme obedecem a essa lógica, e, para quem assiste, tudo soa perfeitamente cabível.

A publicidade apresenta ainda um desafio a mais: fazer com que a premissa criativa corresponda a um conteúdo assumidamente comercial.

A publicidade apresenta ainda um desafio a mais: fazer com que a premissa criativa corresponda a um conteúdo assumidamente comercial de mostrar o benefício de um produto ou serviço. Quando Fernandinho, aquele da bonita camisa, era sistematicamente promovido na empresa por vestir-se bem, tratava-se, obviamente, de uma hipérbole, um exagero da realidade. Como, porém, a campanha toda seguia a mesma lógica e comunicava um benefício verdadeiro (o mundo trata melhor quem se veste bem), foi um sucesso.

É preciso, portanto, saber inovar sem esquecer dos objetivos do produto, mas sem ter medo de afrontar o comum, já que o novo, o inusitado, atrai e cativa.

95

É certo afirmar que filme não-criativo exige uma freqüência maior de mídia e que filme criativo pode ter uma freqüência menor para ter sucesso?

Um filme sem nenhum brilho criativo, se for veiculado poucas vezes, vai passar batido, ninguém vai lembrar, nem mesmo a mãe do redator. Sabe aqueles comerciais com aquelas musiquinhas pavorosas que entram nos nossos ouvidos e não saem nunca mais? Geralmente, são os mais veiculados.

Do mesmo modo que um ex-colega de escola pode ser lembrado até o fim da vida pela sua chatice, alguns comerciais chatos que foram muito veiculados entram na escrivaninha da nossa memória, mas não na gaveta das coisas interessantes.

Agora, um filme criativo e bem-feito, mesmo sem o cliente ter muita verba, às vezes consegue fazer o maior barulho e ser lembrado pelo quão agradável e convincente ele é.

96 O que, na verdade, pode levar um consumidor a desejar o meu produto e não o da concorrência?

Caso seu produto seja o melhor, esse pode ser um bom começo, porém, ser o melhor não é o suficiente. Para que você seja bem-sucedido não basta ser o melhor, é preciso que o consumidor acredite que você é o melhor, e essa é a parte da história que quem faz é a propaganda.

Na maior parte dos "testes cegos", o consumidor não consegue identificar diferenças entre os produtos testados, o que evidencia que, a partir de diferenciais tangíveis, é pouco provável que seu produto consiga prevalecer.

Atualmente, tudo conspira no sentido de fazer com que seu produto seja cada vez mais indiferenciado. A cada dia, é mais difícil criar singularidades perceptíveis e relevantes por um longo período de tempo, sem que seu concorrente rapidamente se equipare a você.

Pode parecer um paradoxo, no entanto, quanto mais as tecnologias se desenvolvem e se sofisticam, menos diferenciais sustentáveis encontramos nos produtos disponíveis no mercado.

Outro fato que trabalha contra a diferenciação é o poder crescente das grandes redes de varejo. Essas redes fazem um trabalho bem-sucedido no sentido de promover a marca da loja em detrimento da marca dos produtos que revende.

O que elas desejam é que o consumidor considere que a loja é a avalista dos produtos que oferece e que, portanto, qualquer que seja o produto ofertado é um produto de boa qualidade; caso contrário, não estaria sendo comercializado por aquela loja.

Estamos vivendo um processo de "commoditização" de produtos. Diante dessa realidade, possuir uma marca forte é a maneira mais eficaz de conquistar a preferência do consumidor.

Em um mundo de produtos equivalentes e preços assemelhados, o fator de desequilíbrio é a maneira como o consumidor se sente ao se vincular à sua marca. São os valores que a marca inspira que condicionarão a percepção do consumidor em relação àquilo que está adquirindo.

Tente imaginar dois produtos com *performance* bastante parecida, porém, um deles de uma marca que faz com que você se sinta jovem, louro, bronzeado, rico e saudável. A cabeça do Bill Gates com o corpo do Tom Cruise. Quanto vale isso?

Com exceção de alguns produtos antimicóticos ou da creolina, a razão pela qual o consumidor compra um produto está relacionada ao que chamamos de "matriz psicológica", responsável pelas sensações que ele experimenta ao se associar a determinadas marcas. Por isso não aposte todas as suas fichas na engenharia; procure também descobrir as sensações que sua marca é capaz de provocar nas pessoas.

Identifique a matriz psicológica de seus compradores potenciais e a maneira pela qual sua marca se encaixa nessa matriz.

Deixe que seus concorrentes falem apenas de produto, enquanto você explora mais as sensações.

As chances de o seu produto ser considerado o melhor serão muito maiores.

97 Fazer propaganda em televisão dá mais resultado?

A resposta é sim e não. Tudo dependerá dos seus objetivos, da estratégia que adotou, do produto que tem para vender e do público ao qual se destina.

Algumas situações requerem uma argumentação extensa, em que é preciso transmitir uma grande quantidade de informações que não pode ser absorvida com muita rapidez. Nesses casos, como cumprir a missão em escassos trinta segundos? Para algumas demandas, a mídia impressa é insubstituível.

Há também o caso de produtos altamente especializados, que são dirigidos a públicos específicos, para os quais a revista, o jornal ou o marketing direto apresentam maior eficácia e custo–benefício mais vantajoso.

A televisão é, por definição, um veículo de massa. De modo geral, tem o custo, por mil pessoas atingidas, mais baixo entre todos os meios, e sua cobertura atinge quase todo o povo brasileiro.

Quando avaliamos o rádio, constatamos o assombroso índice de penetração de quase 100%, ou seja, o rádio é um fenômeno que está presente na vida de todo os os brasileiros, não importa o sexo, a faixa etária, a classe social ou a localização geográfica.

Como se pode ver, cada meio possui características próprias que fazem um ou outro mais indicado em uma programação de mídia eficaz.

Na verdade, a experiência prova que não existe supremacia de um determinado meio. O investimento que mais traz resultado é aquele que procura adequar a mensagem e o público às características do veículo.

Essa providência quase sempre leva à combinação de várias mídias, numa composição que busca ganho de audiência, melhor qualificação e a rentabilidade dos investimentos feitos.

98 Cinco maneiras de fazer propaganda com menos de 20 mil reais por mês.

1. Contrate um homem-sanduíche.

2. Crie um fato e provoque notícias gratuitas nos veículos de comunicação.

3. Distribua folhetos nos cruzamentos.

4. Consiga um profissional de relações públicas que leve você a um programa de tevê.

5. Compre um mailing list de nomes que lhe interessam e envie correspondências.

99 O uso de pessoas famosas em propaganda é crível? As pessoas acreditam que um artista dá seu aval porque, realmente, é consumidor do produto?

Um dos sucessos recentes que mais fascina é o da revista *Caras*. De um lado, pessoas poderosas, artistas e empresários propõem-se a revelar sua intimidade, abrindo suas casas e suas vidas, com poses na cama, na banheira, na cozinha. De outro lado, pessoas de todos os sexos e idades deliciam-se folheando as páginas da revista, com muitas fotos e pouco texto, repartindo com os famosos aquele instante que mostra seu mundo particular.

Uma relação curiosa em que a vaidade de quem se revela se cruza com a vontade de quem lê em saber como é o lado humano da celebridade. O fascínio que os famosos exercem sobre a massa é histórico. A propaganda tem usado e abusado do testemunho de ídolos de novela, esportistas e cantores para vender seus produtos.

Em alguns casos, no entanto, a presença dos famosos pode parecer falsa, distante, um tanto forçada. Isso acontece quando se percebe claramente que quem está ali é o personagem, e não a figura humana.

Este é o grande mérito da maneira como a revista *Caras* invade a privacidade dos famosos. Ela transforma o ídolo em gente como a gente, que come, dorme e até mesmo é brega na decoração da casa ou na forma como se veste.

A propaganda ganharia muito se adotasse o mesmo tratamento ao fazer uso do aval de celebridades. Com certeza, tudo fica mais crível e natural. No caso dos famosos, a vida real é muito mais fascinante do que a vida do seu personagem na tevê.

100 Existe uma relação entre permanência na mídia e sucesso de vendas?

Em tese, toda propaganda funciona, só que algumas funcionam mais do que outras, fazendo com que o mesmo dinheiro investido possa ter um efeito multiplicador para um produto ou uma marca, ou valer apenas uma fração para outros.

É óbvio que o conteúdo da mensagem contribui para isso, assim como a qualidade criativa. Procurar um posicionamento que sensibiliza o consumidor e contar com uma criação diferenciada ajudam muito, no entanto também faz a diferença a visão de continuidade.

É freqüente encontrarmos produtos que não possuem a criação mais original ou o posicionamento mais diferenciado, mas que são líderes em seus segmentos. Faça uma reflexão e você perceberá que essa é uma verdade.

A explicação está no fenômeno da continuidade, que o professor John Phillip Jones, da Universidade Syracuse, comprovou em extensa pesquisa e publicou no seu livro *Quando a propaganda funciona*.[13]

Nessa pesquisa, ficou evidente que 70% das campanhas têm efeito imediato sobre as vendas, mas apenas 46% conseguem manter esse efeito a longo prazo. A explicação é de que se opta pela concentração dos esforços num curto espaço de tempo, intercalados por grandes momentos de ausência.

Quem é que pode, verdadeiramente, acreditar que três ou quatro semanas de programação na televisão podem garantir que a marca terá a preferência do consumidor durante todo o ano? Numa realidade em que o consumidor médio assiste a 2 mil comerciais a cada ano, fazer três ou quatro semanas de programação na tevê é muito mais a mímica de estar anunciando do que estar realmente sendo eficiente.

---

13 John Phillip Jones, *Quando a propaganda funciona* (São Paulo: Globo, 1999).

Na Talent, temos insistido para que nossos clientes adotem como estratégia a continuidade. A fórmula é simples: mesmo que seja um pouquinho, faça sempre. A propaganda que funciona é como a prática de exercícios: mexer os músculos um pouquinho todos os dias faz o organismo muito mais forte do que ser um atleta de final de semana.

101 Como tirar o melhor do que minha agência pode dar?

Não importa a quantidade ou a qualidade do talento que você tem disponível, mas a forma como esse talento se relaciona.

Talentos e recursos convivendo de forma mecânica dificilmente levarão uma empresa ao sucesso.

Hoje, a gestão para resultado é um processo orgânico. Cada área, cada especialidade, cada competência deve formar um único corpo, em que as partes se inter-relacionam, determinando, assim, a *performance* do todo.

A gestão orgânica é a maneira mais eficaz de gerar resultados em um ambiente mais complexo, sofisticado e exigente.

O profissional mais valorizado é aquele capaz de estimular cada talento para que trabalhe comprometido com os objetivos e integrado organicamente com a empresa.

A comunicação, talvez, seja hoje isoladamente ao mesmo tempo o fator de maior poder para a geração de resultados e um dos maiores investimentos no orçamento da maioria das empresas.

Grande parte desse poder, no entanto, não está nas empresas, mas nas agências e nos profissionais das agências com as quais essas empresas se relacionam.

O anunciante tem nos limites da sua geografia a capacidade produtiva, a tecnologia de desenvolvimento de produtos, os recursos humanos, a força comercial, a logística e, em alguns casos, até mesmo o canal de distribuição.

Os anunciantes reúnem talento para quase tudo o que é fundamental para seu sucesso, mas não têm o controle direto de como planejar, criar e produzir boa comunicação.

Como os anunciantes poderiam deixar uma força como o poder da comunicação relacionando-se de forma mecânica com seus outros talentos?

A maneira mais eficaz de ser competitivo e prevalecer sobre os concorrentes, ter sucesso e obter resultados é assegurando que a comunicação da empresa seja orgânica ao seu negócio como um todo.

É a área de marketing que tem a tarefa de mobilizar todas as partes, para que o relacionamento agência–empresa seja de total comprometimento, uma relação de interdependência.

Alguns conceitos que podem ajudar para essa tarefa ser realizada com sucesso serão analisados a seguir.

◆ Procure uma agência que tenha talento e tempo para sua empresa.

É preciso entender que envolvimento e comprometimento não são apenas uma questão de querer, mas, principalmente, de poder.

Uma agência sem profissionais de talento não pode agregar, pela simples razão de não saber como.

Da mesma forma, não importa o talento que uma agência possua; o fator tempo é fundamental para que ela possa, realmente, fazer uso desse talento. Uma agência sem tempo para sua empresa nunca poderá envolver-se com seu problema.

◆ Discuta a empresa e não apenas a propaganda.

Ninguém pode interessar-se por aquilo que não conhece e, ainda, dar-lhe importância.

Se você quer a agência pensando no negócio como um todo e não apenas na propaganda, amplie o foco de participação da agência, discutindo com ela a estratégia da empresa e o papel da comunicação para seu sucesso.

◆ Estabeleça com clareza e divida com a agência os objetivos da empresa.

Sem saber onde se deseja chegar não há como se sentir comprometido e motivado. Todos nós precisamos ter metas claras e bem determinadas pelas quais trabalhar.

Quanto mais a agência souber dos objetivos da empresa, mais acertadamente orientará seus recursos e se sentirá motivada.

◆ Não censure a relação da agência com a alta direção.

Estabeleça limites, mas permita que a agência tenha a visão da presidência. Com bom senso, crie momentos oportunos para que a agência possa ouvir, da alta direção da empresa, sua visão do mercado e do negócio.

É muito importante que a agência e a alta direção da empresa dividam percepções, equalizando a compreensão sobre o que é relevante fazer acontecer e qual a melhor maneira de fazer acontecer.

◆ Passe o máximo de informação para o maior número possível de pessoas na agência.

Quanto mais a agência souber sobre a empresa, mais terá condições de agregar-se para o sucesso do negócio.

Quanto mais pessoas na agência tiverem conhecimento sobre a empresa, seus objetivos e seu mercado, mais talentos estarão aptos para atuar na realização dos seus interesses.

É importante sempre lembrar que o conhecimento é a primeira condição para que uma pessoa possa contribuir de forma pertinente.

◆ Envolva outras pessoas da empresa na relação com a agência, mas concentre a solicitação de trabalhos.

É muito produtivo ampliar a área de contato da agência com a empresa. A convivência com outras pessoas na empresa gera maior intimidade e interação com o negócio, além de trazer informações de outros pontos de vista.

Não se deve, no entanto, pulverizar a solicitação de trabalhos, o que, invariavelmente, gera confusão e perda da objetividade e do foco.

◆ Vá junto com a agência e a equipe comercial ao PDV.

Nada substitui um banho de vida real, como a visita ao PDV acompanhada da equipe comercial. Essa é uma boa maneira de fazer com que a agência entenda como seu trabalho acontecerá na rua e na opinião de quem vende e de quem revende.

A mesa do escritório é um lugar muito perigoso para se ver o mercado.

◆ Solicite um projeto de comunicação e não uma campanha.

O grau de envolvimento da agência com o negócio do cliente é compatível com o grau em que é solicitada.

Se a empresa quer, de fato, uma agência comprometida com seu negócio, não deve limitar seu papel a produzir campanhas, mas fazer um bom briefing e esperar por um projeto de comunicação em toda a sua abrangência.

◆ Informe o investimento que a empresa tem para sua comunicação.

Não é nada produtivo responder à pergunta "Qual o investimento disponível?" com a colocação "Façam o plano ideal". Na maior parte das vezes, isso apenas gerará trabalho e frustração.

É fundamental que a agência saiba com que valores poderá contar para poder direcionar a solução de comunicação. Não é de se esperar que ela possa ser eficaz trabalhando sobre tentativas.

Nenhuma pessoa se sente parte do processo se não lhe são confiados os investimentos disponíveis.

◆ Procure dar o tempo necessário para que a agência possa trabalhar.

Tempo é fundamental para a qualidade do trabalho.

Em alguns casos, passam-se meses sem que a agência consiga da empresa as informações necessárias para desenvolver o projeto de comunicação; aí, então, é chamada e solicitada a apresentar uma proposta em poucos dias.

Envolvimento e comprometimento também são resultado de respeito e valorização do trabalho da outra parte.

◆ Não solicite várias opções.

A tendência é a agência se colocar no automático e desenvolver alternativas apenas para atender à solicitação.

Se houver envolvimento desde o início, informações forem passadas corretamente e objetivos estabelecidos claramente, não será o caso de quantidade, mas de qualidade.

◆ **Evite vários níveis de apresentação.**

Nenhum projeto resiste a vários níveis de apresentação ou à crítica de profissionais que não são especialistas em marketing e comunicação.

Nenhuma agência acredita que o trabalho resistirá se submetido à análise em múltiplas apresentações para diferentes áreas da empresa.

Essa dinâmica já desmotiva qualquer profissional.

◆ **Deixe a agência apresentar o projeto por inteiro antes de avaliar a proposta.**

Só o conhecimento do todo pode permitir uma avaliação correta.

Nada é mais desmotivador do que questionamentos no meio da apresentação, sem que se tenha conhecimento do conjunto da solução elaborada.

Espere chegar ao fim; aí, então, seja direto e objetivo nas colocações.

◆ **O projeto de comunicação não é da agência, é da empresa.**

Não trate o projeto como o "projeto da agência" e não permita que a agência o faça. O projeto é da empresa, e a agência é participante desse projeto. É "o nosso projeto" e deve ser protegido, valorizado e preservado por todas as partes envolvidas.

Não existe essa coisa de uma das partes defendendo o projeto a qualquer custo e a outra tentando encontrar defeitos.

◆ **Deixe amadurecer a proposta da agência, dê tempo para acostumar-se ao projeto.**

Lembre-se de que a agência teve dias, semanas, para elaborar as informações, montar um diagnóstico, discutir muito e evoluir até chegar ao produto final. Então, por que você deveria, em poucas horas de apresentação, ter a mesma condição da agência na análise do trabalho elaborado?

Amadureça a proposta, dê um tempo a você mesmo, acostume-se com o projeto.

◆ **Leve em conta que não existe pessoa jurídica falando com pessoa jurídica.**

Na avaliação do projeto, deve-se considerar que existe uma boa carga emocional no trabalho gerado.

Ninguém deve aprovar uma solução inadequada, mas é preciso mostrar claramente quais as razões, embasadas em fatos concretos, para o projeto não ser aprovado, e não considerações pessoais, especialmente de ordem criativa.

◆ **Seja criterioso, exija critério, mas corra riscos.**

Nas conversas com a agência, faça uso de critérios bem claros para defender propostas e questionar soluções. Em contrapartida, cobre a mesma postura da agência; afinal, sem critérios, tudo fica no campo da opinião pessoal, do "eu acho".

Corra riscos, entretanto. Às vezes, mesmo parecendo paradoxal, confie na intuição.

As causas que mais geram paixão e envolvimento são aquelas que carregam algum risco.

◆ **A criação mais segura é a mais fácil de aprovar, mas é a mais fácil de passar despercebida.**

Para a agência, gerar campanhas criativas é um valor de grande reconhecimento. Essa é uma das suas qualificações. Por essa razão, busca sempre defender a criatividade nas soluções que apresenta.

Para o cliente e a agência, a criatividade deve ser uma forma de potencializar os posicionamentos e os conceitos do projeto de comunicação.

Se a solução é pertinente e está no planejamento, confie na inovação da criatividade.

Propaganda chata não tem desconto maior na programação de mídia.

◆ **Mantenha a empresa aberta a novas propostas, estimule a agência a pensar o novo.**

As empresas, hoje, precisam mais é de visões originais sobre seus problemas.

Uma das maiores contribuições da agência à empresa é sua capacidade de inovação.

Não abra mão dessa contribuição, não feche a empresa a novas propostas. Normalmente, o novo incomoda numa primeira análise.

◆ **Divida com a agência os resultados.**

Os bons resultados e também os ruins devem ser divididos com a agência.

Procure comemorar os sucessos com a agência. Isso é sempre muito motivador.

Avalie, sem emoções, com a agência, o que não funcionou. Isso sempre aumenta o senso de responsabilidade e o desejo de acertar.

◆ **Solicite à agência que faça avaliações sobre o marketing da empresa.**

Sem feedback, é impossível um relacionamento forte, de envolvimento e motivação.

Estimule a agência a fazer considerações criteriosas sobre os pontos fortes e fracos do marketing da empresa, sem personalizações e com o objetivo de aprimorar a comunicação da empresa e os resultados.

◆ **Vá à agência freqüentemente, faça parte.**

Seja comum na agência, vivencie o ambiente da agência.

O profissional de marketing é a própria empresa. Quanto mais presente na agência, mais a agência se sentirá próxima do cliente.

A convivência física é fundamental para gerar interação.

◆ **Não segregue a agência das ações promocionais, de merchandising, marketing direto, etc.**

Mesmo que, por definição, a empresa tenha outros parceiros nessas áreas, é muito produtivo envolver a agência com essas atividades de comunicação.

Uma das coisas mais desmotivadoras é a agência saber, pela imprensa, o que o cliente está fazendo.

◆ **Reconheça o mérito da agência e de seus profissionais.**

Deixe claro que a empresa reconhece a importância da agência e sua contribuição para o sucesso do negócio.

As pessoas se mobilizam mais pelo reconhecimento do que pela crítica.

◆ **Seja transparente, exija transparência.**

Nenhuma relação pode ser bem-sucedida sem transparência.

Não omita dados, não interprete a realidade, transmita todas as limitações e as dificuldades da empresa e de seus produtos. As pessoas têm como tendência se afastar quando percebem que estão sendo manipuladas.

Por outro lado, exija transparência da sua agência, estimule sua agência a trazer a verdade dos fatos, não importa quanto incomode para ela ou para sua empresa.

Se algo não vai bem é melhor que seja colocado de forma objetiva para que possa ser resolvido a tempo.

◆ **Não administre a relação com a agência por pressão.**

Em alguns momentos, a empresa, consciente ou inconscientemente, usa de sua posição de cliente para administrar sua relação com a agência. Essa não é uma boa política. Com medo, ninguém faz nada de bom.

A intimidação gera a submissão e a tentativa de levar ao cliente aquilo que se acredita que o satisfará.

Não existe relação de comprometimento entre partes desiguais.

◆ **Curta com a agência os seus prêmios, a qualidade criativa, o crescimento.**

Todos temos a tendência de nos envolver com aqueles que se envolvem com nossos valores.

Reconheça os fatos importantes para a agência, comemore com ela. Em contrapartida, você terá a mesma atitude em relação à sua empresa.

◆ **Esteja certo de que a agência está ganhando o justo pelo seu trabalho.**

Negocie com a agência uma taxa justa pelo seu trabalho; assegure-se de que a empresa é um cliente interessante pela receita que gera.

Todo mundo se mobiliza por apenas duas razões: necessidade e estímulo. Geralmente, o estímulo é mais eficaz.

◆ **Mantenha relações de longo prazo. Escolha uma agência para muitos anos.**

Tenha relações fiéis e realimente, na empresa e na agência, os vínculos do relacionamento. Quanto mais tempo na convivência, mais a agência conhecerá a empresa, seu negócio e sua cultura empresarial.

Comunicação é um processo dinâmico, que evolui por aproximações sucessivas. Todo dia se faz um pouco, aprende-se com os erros e os acertos, e corrige-se a rota.

O aprendizado que uma agência ganha na sua convivência com um cliente não tem preço.

REDE DE UNIDADES SENAC-SP

Capital e Grande São Paulo

Centro de Comunicação e Artes
Tel.: (11) 3866-2500 • Fax: (11) 3862-9199
E-mail: cca@sp.senac.br

Centro de Educação Ambiental
Tel.: (11) 5017-0697 • Fax: (11) 5017-2910
E-mail: cea@sp.senac.br

Centro de Educação em Design de Interiores
Tel.: (11) 3662-2152 • Fax: (11) 3667-2743
E-mail: cedi@sp.senac.br

Centro de Educação em Informática
Tel.: (11) 3236-2050 • Fax: (11) 3255-0792
E-mail: cei@sp.senac.br

Centro de Educação em Moda
Tel.: (11) 3865-4888 • Fax: (11) 3862-9680
E-mail: cem@sp.senac.br

Centro de Educação em Saúde
Tel.: (11) 3329-6200 • Fax: (11) 3315-0039
E-mail: ces@sp.senac.br

Centro de Educação em Turismo e Hotelaria
Tel.: (11) 3673-2511 • Fax: (11) 3864-4597
E-mail: cet@sp.senac.br

Centro de Idiomas
Tel.: (11) 3236-2277 • Fax: (11) 3259-5246
E-mail: cid@sp.senac.br

Centro de Tecnologia Aplicada
Tel.: (11) 3868-6900 • Fax: (11) 3868-6988
E-mail: fscet@sp.senac.br

Centro de Tecnologia e Gestão do Terceiro Setor
Tel.: (11) 6647-5151 • Fax: (11) 6647-1619
E-mail: ctg@sp.senac.br

Centro de Tecnologia e Gestão Educacional
Tel.: (11) 3236-2083 • Fax: (11) 3257-1437
E-mail: cte@sp.senac.br

Centro de Tecnologia em Administração e Negócios
Tel.: (11) 3236-2425 • Fax: (11) 221-9407
E-mail: can@sp.senac.br

Gerência de Educação a Distância
Tel.: (11) 3868-6940 • Fax: (11) 3862-8727
E-mail: gead@sp.senac.br

Editora Senac São Paulo
Tel.: (11) 3284-4322 • Fax: (11) 289-9634
E-mail: eds@sp.senac.br

Faculdades Senac
Tel.: 0800 883-2000 • Fax: (11) 3236-2361
E-mail: gde@sp.senac.br

Rede SescSenac de Televisão
Tel.: (11) 3236-2174 • Fax: (11) 3259-3630
E-mail: stv@redestv.com.br

Itaquera
Tel.: (11) 6944-5488 • Fax: (11) 6944-9022
E-mail: itq@sp.senac.br

Santana
Tel.: (11) 6973-0311 • Fax: (11) 6973-0704
E-mail: ana@sp.senac.br

Santo Amaro
Tel.: (11) 5523-8822 • Fax: (11) 5687-8253
E-mail: sam@sp.senac.br

Tatuapé
Tel.: (11) 293-9188 • Fax: (11) 294-2437
E-mail: tat@sp.senac.br

Vila Prudente
Tel.: (11) 272-6588 • Fax: (11) 6163-3219
E-mail: vpr@sp.senac.br

Guarulhos
Tel.: (11) 603-1622 • Fax: (11) 209-6042
E-mail: gru@sp.senac.br

Osasco
Tel.: (11) 3681-8799 • Fax: (11) 3681-7056
E-mail: osa@sp.senac.br

Santo André
Tel.: (11) 4994-8811 • Fax: (11) 4994-8429
E-mail: sad@sp.senac.br

Interior

Araçatuba
Tel.: (18) 623-8740 • Fax: (18) 623-1404
E-mail: aca@sp.senac.br

Araraquara
Tel.: (16) 236-2444 • Fax: (16) 236-9337
E-mail: ara@sp.senac.br

Barretos
Tel.: (17) 3322-9011 • Fax: (17) 3322-9336
E-mail: bar@sp.senac.br

Bauru
Tel.: (14) 227-0702 • Fax: (14) 227-0278
E-mail: bau@sp.senac.br

Bebedouro
Tel.: (17) 3342-8100 • Fax: (17) 3342-3517
E-mail: beb@sp.senac.br

Botucatu
Tel.: (14) 3822-2536 • Fax: (14) 3815-3981
E-mail: bot@sp.senac.br

Campinas
Tel.: (19) 3737-8300 • Fax: (19) 3737-8301
E-mail: cam@sp.senac.br

Catanduva
Tel.: (17) 522-7200 • Fax: (17) 522-7279
E-mail: cat@sp.senac.br

Franca
Tel.: (16) 3723-9944 • Fax: (16) 3723-9086
E-mail: fra@sp.senac.br

Guaratinguetá
Tel.: (12) 3122-2499 • Fax: (12) 522-4786
E-mail: gua@sp.senac.br

Itapetininga
Tel.: (15) 3272-5463 • Fax: (15) 3272-5177
E-mail: ipe@sp.senac.br

Itapira
Tel.: (19) 3863-2835 • Fax: (19) 3863-1518
E-mail: ita@sp.senac.br

Jaboticabal
Tel.: (16) 3204-3204
E-mail: jab@sp.senac.br

Jaú
Tel.: (14) 3622-2272 • Fax: (14) 3621-6166
E-mail: jau@sp.senac.br

Jundiaí
Tel.: (11) 4586-8228 • Fax: (11) 4586-8223
E-mail: jun@sp.senac.br

Limeira
Tel.: (19) 3451-4488 • Fax: (19) 3441-6039
E-mail: lim@sp.senac.br

Marília
Tel.: (14) 433-8933 • Fax: (14) 422-2004
E-mail: mar@sp.senac.br

Mogi-Guaçu
Tel.: (19) 3891-7676 • Fax: (19) 3891-7771
E-mail: mog@sp.senac.br

Piracicaba
Tel.: (19) 3434-9700 • Fax: (19) 3434-7303
E-mail: pir@sp.senac.br

Presidente Prudente
Tel.: (18) 222-9122 • Fax: (18) 222-8778
E-mail: ppr@sp.senac.br

Ribeirão Preto
Tel.: (16) 624-2900 • Fax: (16) 624-3997
E-mail: rip@sp.senac.br

Rio Claro
Tel.: (19) 3524-6631 • Fax: (19) 3523-3930
E-mail: ric@sp.senac.br

Santos
Tel.: (13) 3222-4940 • Fax: (13) 3235-7365
E-mail: san@sp.senac.br

São Carlos
Tel.: (16) 271-8228 • Fax: (16) 271-8229
E-mail: car@sp.senac.br

São João da Boa Vista
Tel./Fax: (19) 3623-2702
E-mail: sjb@sp.senac.br

São José do Rio Preto
Tel.: (17) 233-1565 • Fax: (17) 233-7686
E-mail: sjr@sp.senac.br

São José dos Campos
Tel./Fax: (12) 3929-2300
E-mail: sjc@sp.senac.br

Sorocaba
Tel.: (15) 227-2929 • Fax: (15) 227-2900
E-mail: sor@sp.senac.br

Taubaté
Tel.: (12) 232-5066 • Fax: (12) 232-3686
E-mail: tau@sp.senac.br

Votuporanga
Tel.: (17) 3421-0022 • Fax: (17) 3421-9007
E-mail: vot@sp.senac.br

canal aberto
Comentários, críticas, elogios, sugestões, informações.
tel. 0800 883 2000
e-mail canal_aberto@sp.senac.br

EDITORA SENAC SÃO PAULO

DISTRIBUIDORES

DISTRITO FEDERAL

Arco-Íris Distribuidora de Livros Ltda.
Av. W2 Sul – Qd. 509 – Bloco A – Loja 53
70360-510 – Brasília/DF
Tel./fax: (61) 244-0940/244-0477
e-mail: arcoiris@arco-iris-livros.com.br

ESPÍRITO SANTO

Logos Livraria
Av. Carlos Moreira Lima, 61 – Térreo
29050-650 – Vitória/ES
Tel.: (27) 3137-2560 • Fax: (27) 3137-2567
e-mail: logos@logoslivraria.com.br

GOIÁS

Planalto Distribuidora de Livros
Rua Eugênio Brugger, 620 – Centro
74055-120 – Goiânia/GO
Tel.: (62) 212-2988 • Fax: (62) 225-6400
e-mail: sebastiaodemiranda@zaz.com.br

MINAS GERAIS

Leitura Distr. e Repr. Ltda.
Rua Curitiba, 760 – 1° andar
30170-120 – Belo Horizonte/MG
Tel.: (31) 3271-7747 • Tel./fax: (31) 3271-4812
e-mail: leiturarepresenta@ibest.com.br

PARANÁ

Livrarias Curitiba
Av. Marechal Floriano Peixoto, 1.742 – Rebouças
80230-110 – Curitiba/PR
Tel.: (41) 330-5000 • Fax: (41) 333-5047
e-mail: pedidos@livrariascuritiba.com.br

RIO GRANDE DO SUL

Atlas Livros de Negócios Ltda.
Rua Demétrio Ribeiro, 1.164/1.170 – Centro
90010-313 – Porto Alegre/RS
Tel.: (51) 3211-1445/3211-1340/3211-1242
Fax: (51) 3211-0596
e-mail: livros@livrosdenegocios.com.br

SANTA CATARINA

Livrarias Catarinense
Rua Fulvio Aducci, 416 – Estreito
88075-000 – Florianópolis/SC
Tel.: (48) 248-6766 • Fax: (48) 244-630
e-mail: vendassc@livrariascuritiba.com.br

SÃO PAULO

Disal S.A.
Av. Marquês de São Vicente, 182 – Barra Funda
01139-000 – São Paulo/SP
Tel.: (11) 3226-3100/3226-3111
Fax: (11) 0800 770-7105/7106
e-mail: claudio@disal.com.br

Pergaminho Com. e Distr. de Livros Ltda.
Av. Dr. Celso Silveira Rezende, 496 – Jardim Leonor
13042-030 – Campinas/SP
Tel.: (19) 3236-3610 • Fax: 0800-163610
e-mail: compras@pergaminho.com.br

Tecmedd Distribuidora de Livros
Av. Maurílio Biagi, 2.850 – City Ribeirão
14021-000 – Ribeirão Preto/SP
Tel./fax: (16) 3993-9000
e-mail: tecmedd@tecmedd.com.br

PORTUGAL

Dinalivro Distribuidora de Livros Ltda.
Rua João Ortigão Ramos, 17-A
1500-362 – Lisboa – Portugal
Tel.: (00-21-351-21) 712-2210
Fax: (00-21-351-21) 715-3774
e-mail: comercial@dinalivro.pt

REPRESENTANTES COMERCIAIS

AM-PA-MA-PI-CE-RN-PB-PE

Gabriel de Barros Catramby
Rua Líbia de Castro Assis, 59 – sala 202 – Boa Viagem
51030-410 – Recife/PE
Tel./fax: (81) 3341-6308
e-mail: gabrielcatramby@terra.com.br

RIO DE JANEIRO – RJ

PCP Comércio e Representações – ME
Rua Nossa Senhora das Mercês, 104/304 – Fonseca
24130-050 – Niterói/RJ
Tel./fax: (21) 3601-7731
e-mail: pcpsenac@globo.com